AF235444

NLP für Anfänger

Mit einfacher Psychologie, Manipulationstechniken und der richtigen Körpersprache Schritt für Schritt zu mehr Erfolg

Boris Lehmann

INHALT

Vorwort

Sie wollen lernen, effektiv andere Menschen zu manipulieren? Dieses Buch möchte Ihnen dabei Ratgeber, Nachschlagewerk und Begleiter sein. Oft denken Menschen, andere zu manipulieren sei etwas Schlechtes. Dabei muss das nicht der Fall sein. Überlegen Sie sich vorab, ob Sie die Person zu etwas zwingen wollen, das dieser nicht guttut.

Wenn Sie diese Frage mit Nein beantworten können, was spricht dann gegen die Anwendung von Manipulationstechniken? Wir alle manipulieren unbewusst ständig andere Menschen und werden ebenso durch andere unbewusst manipuliert. Menschen, die gut manipulieren können, haben nur gelernt, diesen

Vorgang bewusst durchzuführen. Oft können wir dadurch sogar einbeziehen, was der andere möchte. Manipulationstechniken können Ihnen also zu einem ethischeren Umgang mit Ihren Mitmenschen verhelfen.

In diesem Buch werden wir uns, entgegen manch anderem Ratgeber zu diesem Thema, vor allem mit der Sichtweise und den Techniken des sogenannten NLP beschäftigen. Was das ist und wie Sie es nutzen können, werden Sie im Verlauf dieses Buches nach und nach lernen. Für diesen Ansatz spricht, dass NLP als gute, erprobte und subtile Methode gilt, andere zu manipulieren. Der andere tut sich schwerer zu erkennen, dass er manipuliert wurde, als bei manch anderer Technik. In diesem Sinne viel Freude beim Lesen dieses Buches!

Was ist NLP?

NLP ist eine Abkürzung und steht für „neurolinguistisches Programmieren". Unter diesem Begriff können Sie sich vielleicht nicht
besonders viel vorstellen. Schauen wir uns daher zunächst an, aus welchen Teilen sich dieses Wort zusam-
mensetzt. So können Sie bereits nachvollziehen, wo-
rum es bei NLP geht.

Das **N** steht für „Neuro". Den Begriff kennen Sie
vielleicht aus der Neurologie – der medizinischen
Fachwissenschaft vom menschlichen Nervensystem.
Allgemeiner werden mit dem Kürzel „Neuro" viele Begriffe eingeleitet, bei denen es um das Nervensystem
oder die Psyche geht. Im Fall von NLP steht das N

dafür, dass diese Methode langfristige Veränderungen in der Psyche eines Menschen erreichen will, die sich zum Teil durch biologische oder nervliche Vorgänge erklären lassen.

Das **L** steht für „linguistisch". Unter Linguistik versteht man die allgemeine Sprachwissenschaft. NLP nutzt vermehrt Gesprächstechniken der verbalen und nonverbalen Kommunikation, um Einfluss auf andere Menschen zu nehmen.

Das **P** in NLP ist besonders interessant: Es steht für „programmieren". Mit Menschen mögen Sie das weniger verbinden als mit Computern und anderer Technik. NLP aber nutzt die psychologische Grundannahme, dass Menschen sich durchaus durch einen anderen Menschen „programmieren" lassen. Ähnlich wie ein Computer durch ein entsprechendes Programm dazu gebracht wird, bestimmte Dinge zu tun, kann dies auch bei Menschen gelingen.

Zusammengefasst ist NLP also eine Methode, Menschen durch Kommunikationstechniken zu einem veränderten Verhalten zu bewegen. Dabei entspringt NLP vor allem neueren psychotherapeutischen Ansätzen und wird von vielen Therapeuten in der Behandlung psychisch kranker Menschen eingesetzt. NLP lässt sich leicht erlernen und kann so auch von Laien angewendet werden. Mithilfe von NLP können Sie lernen, in das Unterbewusstsein anderer Menschen einzudringen und diese so zu „steuern". Natürlich sind dem Grenzen gesetzt. Sie dürfen nicht erwarten, durch NLP die völlige Kontrolle über andere übernehmen zu können. Dennoch werden Sie erstaunt sein, was mit NLP alles möglich ist!

DIE GESCHICHTE DER ENTSTEHUNG VON NLP

Um zu verstehen, wie diese eher ungewöhnliche Methode entstanden ist, sollte man sich mit den Entwicklern und der Forschungsgeschichte hinter dieser Technik beschäftigen. Auch, wenn Sie vielleicht möglichst schnell zur praktischen Umsetzung kommen möchten: Nehmen Sie sich Zeit, um das theoretische Rückgrat des NLPs nachzuvollziehen, dann werden Sie die beschriebenen Methoden leichter anwenden können und verstehen wirklich, was Sie machen, wenn Sie NLP im Alltag benutzen. NLP ist eine junge Disziplin, die erst in den 1970er-Jahren entwickelt wurde. In den 1960er-Jahren entstand in den USA eine Bewegung, die Human Potential Movement genannt wurde. Diese ging davon aus, dass in jedem Menschen großes, ungenutztes Potenzial schlummert und dass die Entfaltung desselben nicht nur zu einer höheren Lebensqualität, sondern auch zu mehr Gelassenheit und emotionaler Stärke führt und somit ein erfüllteres Leben verspricht.

Die Eindrücke, die ein Mensch im Lauf seines Lebens sammelt, seine Erfahrungen und wie er diese wahrnimmt, all dies bestimmt die Charakterbildung, definiert einen Menschen ebenso, wie es ihm Grenzen setzen kann. Entscheidend bei der Überwindung der eigenen Grenzen – eine der wichtigsten Voraussetzungen, um die Ziele von NLP zu erreichen – ist das bessere Verständnis dessen, was vielen ihr gesamtes Leben lang unbekannt bleibt – das eigene Unterbewusstsein. Jener Teil unseres Verstands, auf den wir keinen aktiven Zugriff haben können, der jedoch eine große Rolle bei der Wahrnehmung und Verarbeitung von Erfahrungen spielt.

Wie die Kombination aus Psychologie, Linguistik und der Idee, Menschen zu programmieren, zustande gekommen ist, zeigt sich, wenn man sich die Gründer anschaut. Entwickelt wurde NLP von zwei Männern, die zunächst recht unterschiedlich zu sein schienen: John Grinder war damals fast 40 Jahre alt und Professor an der University of California in Santa Cruz.

Grinder ist studierter Linguist und studierte und forschte damals an der Universität in Santa Cruz.

Zu dieser Zeit studierte der zehn Jahre jüngere Richard Bandler eine eigentümliche Fächerkombination an ebendieser Universität: Mathematik, Informationswissenschaft und Psychologie. Ursprünglich beaufsichtigte Grinder eine Gruppentherapie, die Bandler im Rahmen seines Studiums mit psychisch kranken Menschen durchführte. Die beiden verstanden sich aber gut und merkten schnell, dass sie sich beide für kommunikative Prozesse in therapeutischen Settings interessierten. So begannen sie, gemeinsam die Kommunikation in Bandlers Therapiegruppe zu erforschen. Sie arbeiteten nach und nach verschiedene Kommunikationsprinzipien heraus, die in der Gruppe zu greifen schienen. Besonders interessierte sie die Frage, welche kommunikativen Faktoren es brauchte, damit ein Patient seine Therapie erfolgreich abschließen konnte. Sie sammelten ihre Beobachtungen und formulierten daraus konkrete therapeutische und kommunikative Techniken.

So entstand die erste Version der NLP, der Bandler sich nach Abschluss seines Studiums voll und ganz widmete. Später ergänzten Grinder und Bandler ihre Untersuchungen durch einen weiteren Aspekt, das sogenannte Modellieren. Dabei nahmen sie sich Menschen vor, die als Therapeuten in ihren jeweiligen Bereichen als besonders erfolgreich und profiliert galten. Dann versuchten sie, herauszufinden, was diese Menschen anders machten als weniger erfolgreiche Zeitgenossen. So deckten sie immer weitere Prinzipien auf, die heute Einzug in das NLP gefunden haben.

Zwar versuchten Grinder und Bandler ab den Achtzigerjahren, NLP als Forschungsgegenstand der Wissenschaft zu etablieren, allerdings gelang dies nur bedingt. Akademische Schulen vertreten meist die Ansicht, dass NLP nicht die Kriterien einer eigenständigen Forschungsrichtung erfüllt. Das mag vor allem daran liegen, dass NLP verschiedene psychotherapeutische Ansätze und Konzepte miteinander vereint. Nicht alle dieser Konzepte konnten eine therapeutische Wirkung in akademischen Studien nachweisen. Für erfolgreiche Manipulationen mittels NLP sollte Ihnen diese Tatsache aber herzlich egal sein! Durch die fehlende Bereitschaft der akademischen Wissen–schaften, sich mit NLP als ernst zu nehmende Therapieform auseinanderzusetzen, fand NLP vermehrt Einzug ins Coaching.

Ein Beispiel: Sie sind mit Ihrem Körper unzufrieden, möchten etwas daran ändern und melden sich in einem Fitnessstudio an. Die ersten drei Monate wird intensiv und euphorisch trainiert, die Ernährung umgestellt und plötzlich fallen Sie in ein tiefes Loch, hören mit dem Training auf und sind nur noch frustriert, weil Sie nicht bei der Stange geblieben sind.

Was ist passiert? Sie haben genau in diesem Moment den Glauben an sich selbst verloren. An diesem Punkt kann NLP Ihnen hilfreich zur Seite stehen. Die richtige Einstellung hilft dabei, jedes Ziel zu erreichen, welches man sich setzt. Sie müssen sich nur mit Ihren eigenen Zielen befassen, den Weg ebnen und daran arbeiten, dieses Ziel zu erreichen. Jeder Mensch hat unterschiedliche Dinge, mit denen er sich motivieren kann. Um diese Motivationspunkte zu finden, kann man beispielsweise mit nahestehenden Personen oder in diesem Fall dem Personal Trainer sprechen.

Sie möchten durch intensives Training den Traumkörper mit definierten Muskeln erreichen, dann müssen Sie eine genaue Vorstellung davon haben, wie Ihr durchtrainierter Körper aussehen soll. Wie viel Gewicht wollen Sie auf die Waage bringen? Wie sichtbar soll die Muskulatur sein? Bis zu welchem Zeitpunkt wollen Sie das Ziel erreicht haben? Setzen Sie sich eine Deadline. Um Ihre Ziele und Wünsche umzusetzen, müssen Sie sich mit diesen auseinandersetzen und diese visualisieren, denn nur so gelingt das Durchhalten auf dem Weg zum Ziel.

Am Tag gehen Menschen circa 60.000 – 80.000 Gedanken durch den Kopf. Von diesen vielen Gedanken ist ein Großteil negativ, auch wenn Sie sich dessen gar nicht bewusst sind. Und sie schaffen es, bei Ihnen ein schlechtes Gefühl zu erzeugen. Denken Sie einmal darüber nach, ob die Geschehnisse und Situationen in Ihrem Umfeld, die Traurigkeit, Wut, Angst oder Nervosität hervorrufen? Die Antwort lautet klar Nein. Warum? Nun, Ihre Denkweise und Einschätzung, die sich zu dieser speziellen Konstellation einstellen, haben eine immense Macht. Wenn diese negativ sind, stellen sie eine große Belastung dar. Ein und dieselbe Ausgangssituation lässt sich nämlich auf ganz unterschiedliche Art und Weise interpretieren. Es ist also nicht die eigentliche Situation, welche diese Gefühle hervorruft, sondern Ihre Bewertung.

Ein kleines Beispiel: Ein Freund sagt die Verabredung mit Ihnen ab. Jetzt können Sie denken, dass Ihr Freund abgesagt hat, weil er nicht so großes Interesse an Ihnen hat. Mit diesem Gedanken fühlen Sie sich einsam und sind traurig. Denken Sie aber, dass Ihr Freund keine Zeit hat, weil er vielleicht einen wichtigen Termin vergessen hat und selbst darüber traurig ist, Ihnen absagen zu müssen, brauchen Sie keine Traurigkeit zu empfinden. Sie können sich einfach auf die nächste Verabredung freuen.

„Nicht die Dinge machen uns zu schaffen, sondern die Art und Weise, wie wir diese wahrnehmen." Epiktet

DIE 11 GRUNDPFEILER DES NLP

1. Jeder Mensch lebt auf seine spezielle, individuelle Art. Das heißt auch, dass er die Welt auf eine spezielle einzigartige Art und Weise wahrnimmt.

2. Unser Geist, Körper und die Umwelt stehen in ständiger Wechselwirkung. Ihr Handeln kann Ihre Denkweise beeinflussen. Auch Ihre Gedanken können auf Ihr Empfinden wirken.

3. Auch unser Schweigen ist eine Art der Kommunikation. Die Reaktion unseres Gesprächspartners zeigt die Bedeutung von Kommunikation auf.

4. Durch individuelle Erfahrungen wird jeder Mensch geprägt und erhält eine ganz eigene Realität, nach der er handelt.

5. Bieten Sie Ihrem Gegenüber mehrere Wahlmöglichkeiten beziehungsweise Handlungsoptionen, da

dadurch eine höhere Chance besteht, das gewünschte Ziel zu erreichen.

6. Jeder Mensch trifft für sich die beste Wahl anhand der Möglichkeiten, die in seiner Realität bestehen. Das bedeutet auch, dass er sich immer auf die bestmögliche Weise im Rahmen seiner Möglichkeiten verhält.

7. Die Verhaltensweisen eines Menschen ergeben in seiner Weltwahrnehmung immer einen Sinn und sind die Folge einer positiven Absicht. Egal, wie sich der Mensch verhält, sein Verhalten ist ihm immer von Nutzen.

8. Die notwendigen Möglichkeiten/Voraussetzungen für eine Veränderung liegen in jedem Menschen selbst.

9. Jeder Mensch hat die Fähigkeit, neue Dinge zu erlernen und gewohnte Verhaltensmuster zu ändern.

10. Es gibt kein Versagen, nur Feedback. Sie waren nicht erfolgreich? Probieren Sie eine andere Methode aus.

11. Flexibilität ist der Schlüssel zum Erfolg.

GRUNDLEGENDE ANNAHMEN DES NLP

Nun, da Sie in etwa wissen, woher NLP stammt und wie es entstanden ist, wollen wir uns mehr mit den theoretischen Fundamenten der Methode beschäftigen. Es ist nicht notwendig, dass Sie alle Details des Theorie-Skeletts des NLP verstehen. Es ist dennoch gut, wenn Sie mit den Grundbegriffen und Basiskonzepten vertraut sind. So können Sie später besser nachvollziehen, wie die einzelnen Techniken wirken. Zudem verstehen Sie, wie die menschliche Psyche in ihren Grundlagen funktioniert. Um erfolgreich manipulieren zu können, ist dieses Wissen sehr hilfreich, wenn nicht sogar obligatorisch, denn man kann der beste Anwender von Manipulationstechniken sein, andere zu manipulieren setzt jedoch ein hohes Maß an eigener Flexibilität voraus. Es erfordert ein ständiges Sich-Einfinden in und Anpassen an Situationen und gerade ablaufende Prozesse der Kommunikation. Gute Manipulatoren sind vor allem Meister der Situation.

Grundsätzlich ist dem NLP eigen, dass es die subjektive Wahrnehmung eines Menschen als wichtiger einschätzt als die objektive Wahrheit. Für einen Menschen existiert nur eine subjektive Wahrheit. Dadurch, dass wir auf unsere fünf Sinne begrenzt sind, wenn es darum geht, die Welt wahrzunehmen, können wir nicht wissen, was objektiv wahr ist. Wir verlassen uns also auf unsere inneren Annahmen darüber, was wahr ist.

Den fünf Sinnen wird also eine hohe Relevanz eingeräumt: Sie sind der maßgebliche Taktgeber unserer inneren Wahrheiten. Bis zu einem gewissen Grad sind wir in der Lage, unsere inneren Wahrheiten als falsch zu erkennen, doch ist diese Fähigkeit sehr eingeschränkt. Wenn man einen Menschen neurolinguistisch programmiert, versucht man daher, soweit in sein Inneres vorzudringen, dass seine bisherige subjektive Wahrheit tatsächlich durch eine neue subjektive Wahrheit überschrieben wird. Sie sehen: Diese Methode kann enorm kraftvoll sein und Menschen langfristig in eine bestimmte Richtung verändern!

Das NLP geht davon aus, dass jeder der fünf Sinne für jeweils einen eigenen Kommunikationskanal steht, den wir ansprechen können: Gemeint sind die fünf Sinneskanäle, wobei NLPer von **VAKOG** sprechen. V steht hierbei für visuell, also zu sehen; **A** für auditiv – zu hören –, **K** für kinästhetisch – zu fühlen –, **O** für olfaktorisch – zu riechen –, und **G** schließlich für Gustatorisch – zu schmecken.

Sämtliche Erfahrungen werden über diese Kanäle wahrgenommen und die entsprechenden Apparate, den sogenannten Repräsentationssystemen, im Hirn verarbeitet und abgespeichert. Alle Erfahrungen, Erinnerungen und auch Ihr aktuelles Erleben finden in diesen Kanälen statt und werden dort verarbeitet. Sie erleben und speichern sie als Kombinationen von Bildern, Tönen, Gefühlen, Gerüchen und Geschmackserlebnissen. Vollkommen unbewusst nutzt jeder Mensch in nahezu jeder Sekunde seine Repräsentationssysteme und -kanäle. Dabei besitzt man, ebenfalls unbewusst, eine bestimmte Präferenz, welche Systeme und Kanäle vermehrt und bevorzugt genutzt werden.

Hierfür ein kurzes Beispiel, um dies zu veranschaulichen: Ein Regisseur beispielsweise muss zwangsläufig über ein ausgeprägtes visuelles Vorstellungsvermögen verfügen, um zu wissen, wie er welche Szene in seinem neuesten Film inszenieren will. Dafür ist ein geübtes bildliches Vorstellungsvermögen vonnöten, über das man nicht verfügt, wenn man etwa eher den auditiven Kanal bevorzugt. Dieser spielt logischerweise eher für Musiker eine übergeordnete Rolle. Zum Komponieren von Musik gehört nicht nur ein gewisses musikalisches Talent, sondern vor allem ein gutes akustisches Vorstellungsvermögen, das es ermöglicht, die Töne auch ohne Noten oder Instrumente im Kopf zu hören. Diese Fähigkeit kann derart ausgeprägt sein, dass man bestimmte Dinge auch im gehörlosen Zustand hören kann – man denke nur an Beethoven, der in seinen letzten Jahren taub komponierte.

Diese meistens unbewusste Favorisierung mancher Kanäle und Systeme kann sogar so weit führen, dass sie unseren Sprachgebrauch direkt beeinflussen. So nutzen eher den visuellen Kanal gebrauchende Menschen häufig Worte, die auch unmittelbar mit visuellen Assoziationen zu verknüpfen sind. Die Wortwahl steht in diesen Fällen repräsentativ für die bevorzugte Wahrnehmungsvariante und geschieht ebenfalls unbewusst. Im Falle einer Präsentation in einem Businessmeeting wird ein eher auditiv veranlagter Mensch beispielsweise sagen: »Das hört sich doch super an!«, wohingegen ein visuell veranlagter Mensch sagen wird: »Das sieht sehr gut aus!«.

Unsere innere Wahrheit ist also sehr stark eingeschränkt durch die persönliche Konstellation bevorzugter Sinneswahrnehmungen. Gleichzeitig sind wir besonders empfänglich für Veränderungen der inneren Wahrheit auf genau diesen bevorzugten Kommunikationskanälen. Wollen Sie in einer anderen Person also etwas grundlegend verändern, sprechen Sie sie am besten auf den Kanälen an, die diese Person am besten „versteht". Übrigens kann man Menschen anhand ihrer Kommunikationsvorlieben in Gruppen einsortieren. Daraus entstehen die berühmten Lerntypen, denn auch Informationen nehmen wir am schnellsten und nachhaltigsten auf unseren bevorzugten Kommunikationskanälen auf.

Übung 1: Finden Sie Ihre bevorzugten Wahrnehmungskanäle heraus!

Es gibt verschiedene Wege, wie Sie herausfinden können, mit welchen Sinnen Sie bevorzugt wahrnehmen, der einfachste Weg hierzu ist die Sprache. Ihre persönliche Art der Wahrnehmung schlägt sich auch in Ihrer Sprache nieder!

So geben Menschen, die dem **visuellen Typ** angehören, häufig Aussagen wie die folgenden von sich:

„Ich sehe da (k)ein Problem ..."

„Ich kann mir das (nicht/gut) vorstellen."

„Das sehe ich (nicht) ein."

„Der Sinn des Ganzen zeigt sich mir (nicht)."

Der **auditive Typ** neigt eher zu folgenden Aussagen:

„Diese Idee klingt gut/schlecht."

„Ich frage mich ..."

„Ich sage mir oft ..."

„Das ist Musik in meinen Ohren."

Der **kinästhetische Typ** stellt nicht nur eine Beziehung zu seinem Tastsinn, sondern legt ebenso Wert auf Gefühle und seine Intuition. Dies führt infolgedessen zu Aussagen wie diesen:

„Ich habe ein (un)gutes Gefühl bei der Sache."

„Ich spüre da ein Problem."

„Ich kann das nicht ganz greifen."

„Mein Gefühl sagt mir ..."

„Mich schaudert bei dem Gedanken."

„Mir wird kalt/heiß bei dem Gedanken."

Der **olfaktorische Typ** und der **gustatorische Typ** finden sich meist **kombiniert**, da diese beiden Sinne stark voneinander abhängen, was zu folgenden oder ähnlichen Aussagen führen kann:

„Das stinkt mir gewaltig."

„Das stinkt zum Himmel."

„Das riecht nach Betrug."

„Das rieche ich meilenweit gegen den Wind."

„Allein von der Vorstellung wird mir schlecht."

„Die Idee schmeckt mir gar nicht."

Um nun herauszufinden, welchem Typus Sie persön-
lich angehören, achten Sie einmal einen ganzen Tag
verstärkt auf das, was Sie selbst in Gesprächen von sich
geben. Um die Übung zu intensivieren, empfiehlt es
sich, ein längeres Gespräch mit einem Freund, Bekannten oder Verwandten aufzuzeichnen – dessen Einver-
ständnis vorausgesetzt –, um eine anschließende Analyse Ihrer Ausdrucksweise durchführen zu können. Al-
ternativ können Sie sich am Ende eines Tages hinset-
zen und alles, was an diesem Tag geschehen ist, aus-
führlich aufschreiben.

Bringen Sie dabei besonders Ihre Gedanken und
Gefühle zu Papier, die als Reaktionen auf das Erlebte
aufgetreten sind. Achten Sie während des Schreibens
nicht auf Ihre Ausdrucksweise, um das Ergebnis nicht
zu verfälschen. Erst hinterher, beim Durchlesen dessen, was Sie zu Papier gebracht haben, sollten Sie ge-
nauestens unter die Lupe nehmen, welche Ausdrucks-
formen die Art Ihrer Wahrnehmung beschreiben. Eine
dritte Möglichkeit, um herauszufinden, welches Ihre
bevorzugten Wahrnehmungskanäle sind, ist ein Spa-
ziergang. Versinken Sie dabei nicht in Gedanken, sondern geben Sie sich Mühe, dabei so bewusst wie möglich die Welt um Sie herum zu betrachten. Sobald Sie
wieder zu Hause sind, setzen Sie sich sofort hin und

schreiben alles auf, was Ihnen an Eindrücken im Gedächtnis haften geblieben ist. Dies ist die wohl effektivste Möglichkeit, Ihren bevorzugten Wahrnehmungskanälen auf die Spur zu kommen!

NLP-TECHNIKEN UND -STRATEGIEN

Das Ankern

Ähnlich, wie man Hunde darauf konditionieren kann, bestimmten Aktionen automatisch bestimmte Reaktionen folgen zu lassen, so kann man auch die eigene Psyche darauf konditionieren, einem dezidierten, also einem bestimmten Reiz, eine dezidierte Reaktion folgen zu lassen. Dies nennt man Ankern, wobei die Reaktion in diesem Fall eine bestimmte Emotion ist. Im Gegensatz zum Reflex, einer ganz und gar unbewussten und nicht steuerbaren Reaktion auf einen Reiz, geht es beim Ankern darum, die Psyche ganz bewusst dahin gehend zu konditionieren, mit einem Reiz automatisch auch ein Gefühl zu verbinden.

Solche Anker hat jeder Mensch in seinem Leben, meistens jedoch unbewusst. Schließt man die Augen und geht einen Moment in sich, fallen einem auch einige Anker ein. Beispielsweise ein Lied, mit dem man beim Hören jedes Mal dieselbe Emotion verbindet. Gleiches kann auch bei einer Filmszene gelten, beim Betrachten eines Gemäldes oder einer Fotografie oder ganz trivialen Alltagsgegenständen wie einem Fabrikat eines ganz bestimmten Automobilherstellers. Diese Reize können nicht nur visuellen, sondern auch akustischen oder olfaktorischen Ursprungs sein. So verbindet nahezu jeder irgendeine Emotion mit einer Mahlzeit, wie Großmutters berühmter Kartoffelsuppe, oder dem Duft eines geradezu betörenden Parfums. All dies sind Anker, doch die wichtigsten und vor allem für neurolinguistisches Programmieren relevantesten sind jene, die die stärksten und intensivsten Gefühlszustände provozieren, denn durch NLP können vor allem negative Empfindungen auf bestimmte Reize umgewandelt und durch positive ersetzt werden.

Diese Methode ergibt sich, um den Bogen zu den anfangs erwähnten Hunden zu spannen, aus Pawlows Konzept der klassischen Konditionierung. Iwan Petrowitsch Pawlow war ein russischer Mediziner und Verhaltensforscher, der vor allem durch die Forschung mit seinen Hunden Berühmtheit erlangte. Im Verlauf einer jener Versuchsreihen ließ Pawlow jedes Mal, bevor die Hunde eine Mahlzeit serviert bekamen, eine Glocke läuten. Diese akustische Konditionierung, die die

Hunde dazu brachte, das Geräusch der klingelnden Glocke mit Essen zu verbinden, sorgte dafür, dass ihnen nicht erst dann der Speichel lief, wenn sie fraßen, sondern bereits dann, wenn sie nur die Glocken klingen hörten.

Das gleiche Prinzip lässt sich auch auf den Menschen anwenden, um beispielsweise ausgiebige Glücksgefühle mit einem ganz bestimmten Reiz, einem Auslöser zu verbinden und die gewünschte Emotion auf diese Weise unter allen Umständen und jederzeit hervorrufen zu können. Dabei spielt es keine Rolle, durch welchen Reiz der Auslöser wahrgenommen wird, egal, ob durch einen vernommenen oder selbst erzeugten Ton, ein optisches Signal, ein olfaktorisches oder ein sensitives. Richtig angewendet, funktioniert Ankern mit jedem der fünf Sinne.

Genug der Theorie, hier eine Übung für Sie zu Hause: Um ein Gefühl zu verankern, müssen Sie dieses erst fühlbar auslösen. Möchten Sie beispielsweise das Gefühl der Freude in sich verankern, sollten Sie an eine Situation denken, die Ihnen viel Freude bereitet hat.

Während Sie sich auf dieses Gefühl fokussieren, sollten Sie versuchen, sich zu entspannen. Das Gefühl der Freude sollte so nach und nach zunehmen. Es ist hilfreich, wenn Sie sich die Situation genau vor Augen führen. Konzentrieren Sie sich auf Ihre Atmung und schließen Sie die Augen, um ein konkretes Bild zu erhalten. Wie sah die Umgebung aus, als Sie Freude empfunden haben? Wonach hat es gerochen? Erinnern Sie sich an eine Stimme, die damals sprach? Sobald das Gefühl in Ihnen stärker wird, halten Sie die Empfindung fest und spüren intensiv nach. Fühlen Sie die Freude, die in Ihnen immer größer wird. Am Höhepunkt dieses Gefühls sollten Sie den Anker setzen. Das heißt, Sie machen eine bestimmte Geste, sagen ein bestimmtes Wort oder berühren sich an einer bestimmten Körperstelle.

Hierbei ist wichtig, dass Ihr Anker etwas Besonderes darstellt, also nicht so leicht verwechselt werden kann. Nur so können Sie ihn später gezielt einsetzen, wenn Sie das Gefühl der Freude hervorrufen möchten. Achten Sie bei einer Berührung darauf, dass es eine Stelle ist, die Sie nicht aus Gewohnheit oft berühren, wie zum Beispiel den Arm. Dennoch ist es ratsam, darauf zu achten, dass Sie ihre Ankerstelle leicht umsetzen können. Nun können Sie Ihren Anker testen. Lösen Sie sich von dem Gefühl der Freude und denken Sie an etwas anderes. Wenn Sie so weit sind, können Sie den Anker auslösen. Spüren Sie ein Gefühl von Freude, hat Ihr Ankern bereits funktioniert. Sollte dies nicht der

Fall sein, können Sie die Methodik so oft wiederholen, bis sich das gewünschte Gefühl einstellt. Manchmal ist ein Gefühl bereits nach dem ersten Mal verankert. Vielleicht benötigen Sie aber auch mehrere Anläufe, um den gewünschten Sinneseindruck zu verankern.

Rapport

Diese Form des Spiegeleffekts ist vielen bereits bekannt – unbewusst sind nämlich einige Menschen davon betroffen. Im Prinzip geht es darum, dass sich Menschen in Mimik, Gestik und generell ihrer Artikulation im Laufe einer Konversation ihrem Gegenüber anpassen, also bestimmte Verhaltensmuster übernehmen. Je sympathischer der Konversationspartner dabei wahrgenommen wird, desto schneller erfolgt dieses Spiegeln und desto mehr Eigenschaften sind davon betroffen. Der Rapport ist als eine Art Beziehung zu verstehen, in der Harmonie und gegenseitige Akzeptanz herrschen. Befinden sich zwei oder mehr Menschen während ihrer Kommunikation in einem Rapport, dann halten sie oft Blickkontakt und gleichen oftmals ihre Körperhaltung und Stimme einander an. Diesen Effekt kann man aber auch umkehren – wenn man bewusst bestimmte Gestiken und Ausdrucksweisen des Gesprächspartners spiegelt, wird man von diesem sympathischer wahrgenommen, man baut eine von positiven Signalen geprägte, zwischenmenschliche Beziehung auf – den Rapport.

Kalibrieren

Der Begriff „Kalibrieren" steht im Kontext des neurolinguistischen Programmierens stellvertretend für die Begriffe „eichen" oder auch „einstellen". Das bedeutet, dass es in dem immer wieder dargestellten Prozess der Kommunikation darum geht, sich auf sein Gegenüber einzustellen und damit dessen verbalen und nonverbalen Ausdruck wahrzunehmen und adäquat darauf zu reagieren. Das „Kalibrieren einer Person" ermöglicht ein Wissen oder auch Vorausahnen der Reaktion einer anderen Person. Es ermöglicht weiterhin, zu wissen, ob eine Person die Wahrheit spricht oder lügt. Ganz kurz gesagt heißt „Kalibrieren" also „Wahrnehmen". Es ist ein sensibles, genaues, beobachtendes und empathisches Wahrnehmen des Verhaltens, der Verhaltensänderungen und der Äußerungen des Interaktionspartners.

Zu beachten ist weiterhin, dass nicht nur äußerliche Zustände, wie verbale Äußerungen und Haltungen des Körpers, bedeutend sind, sondern auch und vor allem die nonverbalen Signale, die ein Gegenüber aussendet. Sie als Agierende/r im Kontext des neurolinguistischen Programmierens wollen die Technik des

Kalibrierens verwenden. Dann sollten Sie zuallererst, wie bereits dargestellt, Ihr Gegenüber intensiv beobachten und wahrnehmen. In einem zweiten Schritt ist jedoch auch wichtig, dass Sie sich auf Ihr Gegenüber „eichen". Das bedeutet, dass Sie sich genau darauf einstellen, wie sich zum Beispiel Ihr Gegenüber verhält, wie er oder sie schaut oder spricht, und vielleicht auch, wie sich der Händedruck oder die Umarmung anfühlt. Mithilfe dieses „Eichens" können Sie zu einem späteren Zeitpunkt auch winzige Veränderungen im Verhalten Ihres Gegenübers wahrnehmen und entsprechend deuten.

Pacing und Leading

Pacing und Leading sind weitere Techniken, die zu der Konzeption des neurolinguistischen Programmierens zählen. Der Begriff „Pacing" steht für das aktive Eingehen oder sich Einstellen auf die Befindlichkeiten einer anderen Person. Der Begriff meint also, das Einstellen oder sich Einfühlen in die Welt des Gegenübers. Mithilfe des Pacings können Zugänge gefunden werden, sich auf eine besondere Art und Weise in sein Gegenüber einzufühlen.

Der Begriff „Leading" beschreibt einen gegenteiligen Bereich zu dem sensitiven Einfühlen in andere. Hierbei liegt das Ziel darin, andere Menschen in den eigenen Vorhaben mitzuziehen. Es bedeutet also, dass eine führende Rolle angenommen wird. Die Rolle hilft, auf die zuvor im Pacing wahrgenommenen Befindlichkeiten einzugehen, der Person zu helfen und ihr Erleben zu verändern. Daher lässt sich sagen, dass das Pacing eine Art Voraussetzung ist, um das Leading durchzuführen und somit für Prozesse der Veränderung sorgen zu können.

Six-Step-Reframing

Hierbei handelt es sich um das vielleicht berühmteste aller NLP-Modelle zur Änderung ungeliebter oder nachteiliger Angewohnheiten und Verhaltensmuster. Dies geschieht, wie der Name schon verrät, mittels eines Sechs-Schritte-Plans.

Six-Step-Reframing eignet sich dabei besonders gut für psychosomatische Störungen und jene Verhaltensmuster, die nicht bewusst, sondern unbewusst vonstattengehen und somit nur schwer greifbar und verständlich sind. Während des ersten Schritts geht es vor allem darum, jene Eigenschaft zu identifizieren, die man ändern will, sich deutlich vor Augen zu führen, dass einem diese Eigenschaft Probleme bereitet und sich das klare Ziel zu setzen, dieses zu ändern.

Sie müssen also zuallererst begreifen, wer Sie tief in Ihrem Inneren sind. Machen Sie sich Ihren aktuellen

Standpunkt klar, damit Sie Ihre nächsten Schritte planen können. Die notwendigen Eigenschaften haben Sie bereits als Basis verinnerlicht. Manche sind vielleicht schon ausgereift, andere tragen Sie nur als Samen in sich. Je nachdem, ob Sie sich dazu entscheiden, diese weiterzuentwickeln, müssen Sie die Samen aussäen, gießen und pflegen, damit diese zu neuen Merkmalen heranwachsen. Auf der anderen Seite gibt es möglicherweise auch Charakterzüge, die Ihnen nicht besonders gefallen, die Sie aber sehr stark ausgeprägt besitzen. Hier gilt es, diese mit der Gartenschere in Form zu bringen, damit die kleinen neuen Pflänzchen nicht überwuchert werden. Ihr inneres Ziel sollte ein vielfältiger Garten sein, indem Sie ohne Bedenken in einem Liegestuhl entspannen können. Wie sieht der Garten jetzt, genau in diesem Moment aus? Gehen Sie bitte einmal in sich, nehmen Sie sich ein paar Minuten Zeit und überlegen Sie ganz genau, wer Sie sind. Was macht Ihre Persönlichkeit aus? Was unterscheidet Sie von anderen?

Zur besseren Verständlichkeit wird das abzulegende Verhaltensmuster im Weiteren, passend zur Gartenmetapher, „Unkraut" und das erwünschte Verhaltensmuster „Rose" genannt. Der zweite Schritt sieht die Analyse, respektive Kommunikation mit jenem

Muster X vor, um herauszufinden, wodurch diese Eigenschaft hervorgerufen wird.

Dies ist keinesfalls einfach und erfordert immense Konzentration, da dieser Schritt voraussetzt, dass es für jedes negative Verhaltensmuster einen Auslöser im Bewusstsein gibt, mit dem man aktiv Kontakt aufnehmen kann. Die Kommunikation mit jenem Teil, der das ungeliebte Verhaltensmuster „Unkraut" auslöst, kann auf vielfältige Art und Weise funktionieren, auch nonverbal, beispielsweise über Geräusche. Im dritten Schritt wird nun versucht, das Verhaltensmuster „Unkraut" von seinem Auslöser zu trennen. Hierbei gilt eine der Grundannahmen neurolinguistischen Programmierens, nämlich, dass jeder Aktion, jeder Handlung und somit auch jedem Handlungsmuster eine positive Absicht zugrunde liegt.

Dies gilt auch für jenen Teil, der das Muster „Unkraut" auslöst und unseren Garten, ergo unsere Persönlichkeit, verschandelt. Es geht nun also vermehrt darum, mit diesem Teil zu kommunizieren und herauszufinden, warum genau er das Verhaltensmuster provoziert. Glaubt man, eine mögliche positive Absicht gefunden zu haben, muss man den Teil, der für das Unkraut in unserem Garten verantwortlich ist, fragen, ob man mit der Vermutung richtig liegt. Erhält man als

Antwort auf die Frage ein „Nein", muss ein anderes Motiv, eine andere positive Absicht her. Im Falle eines „Ja" geht es nun zum nächsten Schritt des Six-Step-Reframings.

Der vierte Schritt sieht vor, Alternativen zum unerwünschten Verhaltensmuster „Unkraut" zu finden. Bestenfalls wurden bereits einige Alternativen geankert, sodass der Teil, der für das Muster verantwortlich ist, gewissermaßen von selbst nach alternativen Handlungsweisen suchen kann.

Zu Beginn des fünften Schritts kommuniziert man erneut mit dem Auslöser und stellt sicher, dass dieser mit den neuen Alternativen auch vollends zufrieden und bereit ist, die Verantwortung dafür zu tragen. Dies sorgt für eine Art Absicherung für die Zukunft und stellt sicher, dass jede der drei Alternativen auch final anerkannt wird. Nun kann geprüft werden, ob die neuen Verhaltensweisen auch gänzlich angenommen wurden – schließlich wurde in Schritt zwei herausgefunden, was das Muster X auslöst und welches Ziel damit verfolgt wird. Im Umkehrschluss bedeutet dies, dass die erwartbare Reaktion sich genauso gut provozieren lassen kann. Im Gegensatz zur vorherigen Situation stehen dem Auslöser von X nun jedoch drei neue Wahlmöglichkeiten zur Verfügung. Diese Flexibilität erlaubt dem auslösenden Teil, auf mehr Reize zu reagieren. Der sechste Schritt stellt lediglich eine Art ökologischen Check dar. Abschließend wird nicht nur der Auslöser von Muster X, sondern jeder der inneren Teile eines Menschen gefragt, ob er mit den neuen Alternativen zufrieden ist.

Swish-Technik

Die Swish-Technik hilft dabei, ungewollte, störende Angewohnheiten abzulegen. Allerdings eignet sich diese Technik am besten bei jenen Menschen, die ein ausgeprägtes visuelles Vorstellungsvermögen ihr Eigen nennen können, da hier die besagte negative Eigenschaft sowie die positive, durch die man sie ersetzen will, bildlich vor dem geistigen Auge hervorgerufen werden müssen. Die Standard-Swish-Technik arbeitet dabei mit den drei Submodalitäten Größe, Entfernung und Helligkeit. Im Prinzip geht es lediglich darum, das Bild der visualisierten negativen Eigenschaft immer kleiner, dunkler und weiter weg gleiten zu lassen, bis es schließlich außer Sicht und die Eigenschaft somit abgelegt ist, und auf der anderen Seite das Bild der visualisierten positiven Eigenschaft immer größer, heller und näherkommen zu lassen, sodass es die negative Angewohnheit ordnungsgemäß ersetzt.

Der erste Schritt sieht auch hier vor, zunächst die negative Angewohnheit, derer man sich entledigen will, ausfindig zu machen. So kann eine stressige Situation bei Ihnen den Impuls hervorrufen, eine Zigarette zu rauchen, weil dies Ihre erlernte Antwort auf Stress ist.

Um sich nun eine neue, konstruktivere Gewohnheit als Antwort auf Ihren Stress anzugewöhnen, benötigen Sie eine möglichst positive Ersatzhandlung, die im Idealfall sogar dafür sorgt, dass Sie Ihren Stress besser und gesünder bewältigen können und mit der Sie sich auch noch wohlfühlen. Dies könnte zum Beispiel so aussehen, dass Sie, statt eine Zigarette zu rauchen, die gleiche Zeit investieren und stattdessen eine schöne Tasse leckeren Tee trinken. Die positive Wirkung der Zigarette ist nur eine Illusion und der Belohnungseffekt hält nur so lange an, wie Sie diese rauchen. Das bewusste Trinken einer Tasse Tee kann Ihnen jedoch viel mehr bieten, Sie haben ein positives Geschmackserlebnis, was einem ersten Belohnungsfaktor gleichkommt, und die körperlich tatsächlich beruhigende Wirkung des Getränks sorgt für einen deutlich spürbaren und länger anhaltenden Belohnungseffekt.

Da, wie üblich beim neurolinguistischen Programmieren, auch hier der Grundsatz gilt, dass jede

Reaktion einen Auslöser hat, fragt man sich beim zweiten Schritt, was der ungewünschten Angewohnheit unmittelbar vorausgeht und diese somit provoziert. In aller Regel ist ein solcher Auslöser eine Emotion – eine negative zumeist, aufgrund derer jene abzuschaffende Eigenschaft zum Vorschein kommt, in diesem Falle der Stress.

Der dritte Schritt beinhaltet die Visualisierung der störenden Angewohnheit sowie die Visualisierung jener Reaktion, durch die die negative ersetzt werden soll. Vieles eignet sich dafür. Als am zuverlässigsten hat sich jedoch die Methode erwiesen, das eigene Spiegelbild zu nehmen, wobei Mimik und Gestik die jeweiligen Eigenschaften möglichst genau wiedergeben.

Sieht man beide Visualisierungen möglichst genau vor dem geistigen Auge, beginnt nun im vierten Schritt der eigentliche Swish. Am besten stellt man sich eine Art Bildschirm vor, einen großen Fernseher oder eine Leinwand etwa. Dieser Bildschirm wird vollkommen ausgefüllt vom Abbild der negativen Eigenschaft, also dem Rauchen einer Zigarette. In der unteren rechten Ecke lässt man nun, ganz dunkel und klein zunächst, das Abbild der positiven Angewohnheit, ergo der Tee-Zeremonie, erscheinen. Malen Sie dieses Bild dabei so deutlich und detailliert aus wie nur möglich, sodass Sie den Tee schmecken und riechen sowie die einsetzende Entspannung fühlen können. Wenn Sie dies erreicht haben, verbinden Sie diese Gefühle nun in Gedanken mit einer bestimmten Farbe, die Sie zum Schluss über das Bild legen. Dieses wird nun größer und heller, breitet sich von der unteren rechten Ecke allmählich flächendeckend über den gesamten Bildschirm aus.

Gleichzeitig wird das Abbild der negativen Angewohnheit immer kleiner und dunkler, bis es schließlich von seinem positiven Gegenpart vollständig überlagert wird und ganz verschwindet. Der Bildschirm ist nun vollständig von der Visualisierung der gewünschten positiven Eigenschaft überdeckt. Damit ist der Swish abgeschlossen. Im fünften Schritt wird der Standard-Swish im besten Falle siebenmal wiederholt. Der sechste Schritt stellt einen Test dar, ob der Swish erfolgreich war. Hierbei muss man lediglich versuchen, sich die Visualisierung der negativen Eigenschaft nochmals vor Augen zu führen. War der Swish erfolgreich, sollte dies eigentlich unmöglich sein. Falls das Bild auftaucht, muss der Standard-Swish wiederholt werden. Eine weitere Möglichkeit, den Erfolg dieser Methode festzustellen, kann der reale Test sein, also jene Situation hervorzurufen, die der ungewünschten

Angewohnheit vorausging, und zu schauen, ob diese durch ihren positiven Gegenpart ersetzt wurde.

Fast Phobia

Diese Technik des neurolinguistischen Programmierens arbeitet mit audiovisueller Kreativität, was zu Beginn schwierig und kompliziert sein mag, bei ausreichender Konzentration jedoch zu sensationellen Erfolgen führt.

Mittels der Fast-Phobia-Technik vermag man, Phobien in Rekordtempo verschwinden zu lassen, und zwar nachhaltig und dauerhaft. Phobie-Patienten können sich nicht aussuchen, wovor sie Angst haben, und wenn sie mit dem entsprechenden Gegenstand, Tier oder Ähnlichem konfrontiert werden, läuft in ihrem Kopf automatisch ein Film ab, der sich nicht mehr stoppen lässt und den Betroffenen in eine Art Schockstarre versetzt.

Die Fast-Phobia-Technik nutzt diesen Film, indem eine Situation, die eng mit der Phobie verknüpft ist, als Schwarz-Weiß-Film vor dem inneren Auge abgespielt. Nach einigen Arbeitsschritten wird diese in Farbe rückwärts erneut abgespielt. Dies soll die Phobie nach mehreren Wiederholungen verschwinden lassen. Um diese Technik verstehen und vor allem anwenden zu können, muss man sich zunächst darüber im Klaren sein, was genau eine Phobie eigentlich ist und wodurch sie entsteht. Die Antwort, zumindest auf Letzteres, ist einfach: im eigenen Kopf.

Der Verstand ist der Ursprung einer jeden phobischen Störung. Der interessante Punkt daran ist, dass selbst Betroffene wissen, dass eine Phobie in jedem Falle irrational ist. Sie richtet sich gegen ein vom eigenen Verstand erwähltes Objekt jedweder Natur, ohne dabei auf den persönlichen Erfahrungsfundus des Betreffenden zuzugreifen.

Das bedeutet, dass man unter Aviophobie, der panischen Angst vor Flügen im Flugzeug, leiden kann, ohne selbst entweder je geflogen zu sein oder aber trotz bereits absolvierter Flüge keine Erfahrungen gemacht zu haben, in denen die Phobie begründet liegen könnte. Dies ist auch der grundlegende Unterschied zwischen einer Phobie und einer Angststörung.

Dabei handelt es sich ebenfalls um eine krankhafte Form der Angst, die annähernd dieselben Symptome aufweist wie eine Phobie. Die Angststörung allerdings basiert, im Gegensatz zur phobischen Störung, tatsächlich auf einer negativen Erfahrung in Bezug auf das betroffene Objekt. Das heißt, dass jemand, der panische und ausdrücklich nicht phobische Angst vor Flügen hat, deswegen darunter leidet, weil er tatsächlich

einmal beinahe abgestürzt wäre, einen Absturz über-
lebt oder eine nahestehende Person durch einen Absturz verloren hat. An dieser Stelle sei ausdrücklich erwähnt, dass Fast Phobia ausschließlich bei Phobien
und nicht bei den wesentlich schwerer, weil traumati-
scher wirkenden Angststörungen hilft. Um den Auslöser für die Symptome einer Phobie zu vermeiden, gibt
es zahlreiche Möglichkeiten.

Wer panische Angst vor Fahrstuhlfahrten hat,
kann auf Treppen ausweichen – die Phobie wird erst
dann ausgelöst, wenn man sich dem Fahrstuhl mit der
Absicht nähert, ihn zu betreten und zu benutzen. Diese
Ausweichmethoden behandeln allerdings nur die
Symptome, nicht die eigentliche Phobie. Und genau
hier kommt Fast Phobia ins Spiel.

Bleiben wir beim Beispiel der Aviophobie – Flug-
angst – und kommen auf den eingangs erwähnten Film
zurück, der sich vor dem geistigen Auge abspielt. Dieser wird ausgelöst, sobald sich die betroffene Person
einem Flugzeug nähert, bei manchen Fällen auch schon
bei Betreten des Flughafens, wenn das Gehirn weiß,
dass die gefürchtete Situation kurz bevor steht.

Der Start des Films ist das Signal des Gehirns, dass
der Mindestabstand zum Objekt der Angst überschrit-
ten wurde. Der Film wird als letzte, ultimative

Warnung abgespielt und beinhaltet genau das Worst-Case-Szenario, das man befürchtet, und der Körper reagiert als alleiniger Zuschauer des Films mit den körperlichen Symptomen einer Phobie – rasender Puls, Schweißausbrüche, Panikattacken, Ohnmacht.

So gesehen kann man also behaupten, dass der Körper nicht panisch auf das Flugzeug, respektive den Flug reagiert, sondern auf den vor dem geistigen Auge ablaufenden Film. Der Schlüssel zur Bekämpfung einer Phobie liegt demnach in der Kontrolle über diesen Film – man muss lernen, selbst die Regie zu übernehmen. Übrigens läuft dieser Film nicht nur in Bezug auf das Objekt der Phobie ab. In zahlreichen, potenziell gefährlichen und wenig vertrauenerweckenden Situationen warnt das Gehirn mittels eines Katastrophenfilms vor möglicherweise drohendem Unheil. Allerdings ist der Mensch üblicherweise und im Gegensatz zum Phobiker in der Lage, diesen Film zu stoppen und die Angst somit gar nicht erst aufkeimen zu lassen.

Die Fast-Phobia-Technik sieht vor, dem Betroffenen zu ermöglichen, die alleinige Kontrolle über den gefürchteten inneren Film zu erlangen, praktisch sein eigener Regisseur zu werden, um die Angst auf diese Weise zu überwinden. Dies geschieht mittels zweier grundlegender Praktiken.

Zum einen trainiert man, den Film dissoziiert zu betrachten, also gesondert und nicht als Teil des eigenen Seins, und ihn, statt in Farbe, in schwarz-weiß ablaufen zu lassen. Ist der Film abgespielt, wird mittels der zweiten Praktik der Film nun farbig und rückwärts abgespielt, und im Gegensatz zur Schwarz-weiß-Variante assoziiert, also wieder als Teil des Selbst, wiedergegeben. Nach regelmäßiger Anwendung sollte die Phobie besiegt sein. Falls nicht, handelt es sich tatsächlich nicht um eine Phobie, sondern eventuell um eine Angststörung, oder aber die Angst hat einen ganz anderen Ursprung.

Warum NLP sich ideal für Manipulationen eignet

V ielleicht haben Sie sich mittlerweile bereits einen guten Eindruck davon verschaffen können, warum NLP sich gut für Manipulationen eignet. Dennoch wollen wir noch einmal kurz darauf eingehen. Machen Sie sich bewusst: NLP entstammt der Psychotherapie. Wenn man es genau nimmt, darf Psychotherapie vielleicht als absolute

Königsklasse der Manipulation gelten, denn wer könnte ein erfolgreicherer Manipulator sein, als ein Mensch, der Patienten mit krankhaften psychischen Störungen dazu bringt, sich anders zu verhalten? Menschen, deren Verhaltensweisen oft durch Traumata und andere schlimme Ereignisse tief in die eigene Psyche eingebrannt wurden. Sie wollen auf einer viel oberflächlicheren Ebene Veränderungen in meist psychisch gesunden Menschen bezwecken. Sich das vor Augen zu führen, macht das ganze Potenzial des NLP offensichtlich.

Tatsächlich kommt auch innerhalb der NLP-Szene immer wieder die Frage auf, wie man sich davor schützen kann, NLP allzu manipulativ einzusetzen. Viele der Techniken zielen von vornherein auf eine hochgradige Manipulation anderer Menschen ab. Wer NLP therapeutisch nutzt, muss daher bestimmte Protokolle einhalten, um sicherzustellen, dass er seinen Patienten nicht schadet. Seien Sie sich daher der Macht bewusst, die Sie mit NLP über andere Menschen erhalten. Wenden Sie die beschriebenen Techniken dementsprechend umsichtig an und hinterfragen Sie stets, ob Sie dem anderen damit auch einen Gefallen tun. Dann spricht nichts gegen die Anwendung.

Manipulations-techniken

D ie Verantwortung, die NLP mit sich bringt, wurde in einem früheren Kapitel bereits erwähnt. Wer sich an diese Worte noch erinnert, mag hier womöglich verwundert oder gar zweifelnd die Stirn in Falten legen und sich fragen, inwiefern ein verantwortungsvoller Umgang mit NLP-Methoden und das Wort Manipulation wohl zusammenpassen mögen.

Dieser Zweifel liegt in der hauptsächlich negativen Konnotation von Manipulation begründet, versteht man diese in allgemeiner Hinsicht zumeist als eine negative Form des Beeinflussens. Manipuliert wird dabei in der Regel das Handeln, Denken und/oder Fühlen des jeweils anderen, des Manipulierten. Dabei wird stets vorausgesetzt – auch dies erklärt die negative Konnotation –, dass der Manipulator aus reinem Eigennutz handelt und – wie eingangs bereits erwähnt – mögliche Schäden des Manipulierten bewusst in Kauf nimmt.

Eine weitere Grundannahme, aufgrund derer Manipulation einen eher schlechten Ruf genießt, ist, dass der Manipulierte stets nur widerwillig und in eine ihm widrige Position hin beeinflusst werden kann und demzufolge – was die dritte Grundannahme darstellt – Widerstand gegen die Manipulation leistet, im psychologischen Sinne „bekämpft" werden muss, damit die negative Beeinflussung von Erfolg gekrönt ist. Dies sind die Vorurteile gegenüber dem Manipulationsbegriff und sie sind in höchstem Maße fragwürdig, gehen sie doch alle von der Grundannahme aus, dass jeder Mensch, der bewusst und gezielt Beeinflussung betreibt, aus egoistischen Motiven handelt.

Aus Egoismus versucht der Manipulator, dem Manipulierten seine Meinung, sein Denken etc. aufzuzwingen. Völlig außer Acht gelassen wird hierbei, dass jeder Mensch nahezu tagtäglich manipuliert – sowohl bewusst als auch unbewusst. Denn schon so vermeintlich simple Dinge wie die bereits erläuterte Körpersprache und bewusste Modifikationen dieser, um einen ganz bewusst herbeigeführten Effekt zu erzeugen, fallen unter die Kategorie Manipulation. Lehrer manipulieren auf diverse und – entgegen den angeführten Grundannahmen – harmlose Methoden ihre Schüler und vor allem für Führungspersonen in Unternehmen erweisen sich zahlreiche Manipulationsmöglichkeiten als elementar in Sachen erfolgreicher Personalpolitik. Um zu zeigen, dass Manipulation weitaus unbedenklicher ist, als ihr Ruf es nahelegt, und die nützlichen Aspekte bewusster und unbewusster Beeinflussung zu erläutern, werden im Folgenden verschiedene Manipulationstechniken beschrieben, die jeder Mensch anzuwenden imstande ist.

DIE HÄNGENDE SCHALLPLATTE AKA DIE WIEDERHOLUNG

Eine der häufigsten und – der Name legt es schon nahe – harmlosesten Formen der Manipulation. Man erlebt diesen Aspekt der bewussten Beeinflussung des Handelns und Denkens anderer tagtäglich in der Werbung – hunderte von Spots werden von Werbeunter–

brechung zu Werbeunterbrechung mehrmals wiederholt. Hintergrund des Ganzen ist, dass der Mensch ein Gewohnheitstier ist – je öfter er etwas über seine Wahrnehmungskanäle regelmäßig präsentiert bekommt, desto selbstverständlicher wird der beworbene Gegenstand für ihn, desto häufiger denkt er an ihn und desto eher ist er zum Kauf besagter Ware bereit.

DIE BEHARRUNGSFALLE

Auch diese Manipulationstechnik erfreut sich hoher Bekanntheit und großer Beliebtheit. Sie wird auch „Fuß in der Tür"-Technik genannt und wird einem Großteil der Leser bekannt vorkommen, da die meisten selbst schon einmal in diese „Falle" getappt sind. Angewendet wird sie häufig in allen möglichen Supermärkten, Einkaufszentren oder großen Fachgeschäften sowie an öffentlichen Plätzen wie beispielsweise Bahnhöfen oder beliebten Spots in Innenstädten.

So ziemlich jeder hat an einem der genannten Punkten irgendwann im Leben schon mal einen Stand ausfindig gemacht, an dem Zeitungen, Teilnahmen an großzügigen und gar zu reizvollen Gewinnspielen oder schlicht eine neu auf dem Markt erschienene Produktpalette bestimmter Lebensmittel angeboten werden. Man wird von freundlichen Verkäufern angesprochen, ob man nicht Lust auf eines der beschriebenen Produkte hätte – gratis natürlich –, und schon tappt man in die ausgelegte Falle. Zeigt man sich am Angebot interessiert, lässt der Verkäufer seinen ganzen Charme spielen und versucht sein Bestes, den angeworbenen Kunden möglichst langfristig für sich zu gewinnen.

DER FREUNDSCHAFTSTRICK

Diese Manipulationstechnik eignet sich hervorragend dazu, um das Eis mit einer fremden Person zu brechen und kann beispielsweise in den ersten Tagen an einem neuen Arbeitsplatz genutzt werden, um mit den neuen Arbeitskollegen warmzuwerden. Der Freundschaftstrick basiert auf einem Prinzip der Kommunikation, die auf das Betonen möglichst vieler Gemeinsamkeiten zwischen den Gesprächspartnern aus ist und in gewisser Weise mit der Technik der Wiederholung kombiniert wird. Eine Beispielkonversation zwischen zwei fremden Menschen:

Person A.: »Ich liebe es in Lokal XY Essen zu gehen. Das Essen dort ist erstklassig.«

Person B (Manipulator): »Ich war auch schon dort, und ich bin heute noch begeistert von der Atmosphäre!«

Person A: »Ach, wirklich? Und was sagst du zu ...«

Schon ist ein Gespräch zwischen beiden Parteien entstanden und Person A bekommt durch die bloße Gemeinsamkeit in Form der Vorliebe für dasselbe Restaurant das Gefühl, mit Person B auf einer Wellenlänge unterwegs zu sein – das Eis ist gebrochen. Allerdings wird der Freundschaftstrick auch gern von Verkäufern angewendet, um den potenziellen Kunden ein Gefühl von Vertrautheit und Gemeinsamkeit zu suggerieren, was schließlich zum Verkauf einer bestimmten Ware führen soll.

MANIPULATION DURCH ERZEUGEN VON ANGST

Wer mittels Angsterzeugung manipulieren will, macht sich die selten nützliche, menschliche Eigenschaft zunutze, in aller Regel subjektiv zu denken und irrational zu fühlen. In einem Geschäftsmeeting beispielsweise werden die Zuhörer vom Manipulator eine Zeit lang auf die Angsterzeugung vorbereitet, indem

die Präsentation, Rede etc. durch besonders emotionalen Content enthält oder durch eine leidenschaftliche
Vortragsweise besticht.

Dies öffnet, metaphorisch gesprochen, einen emotionalen Kanal bei den Zuhörern, sie sind nun wesentlich empfänglicher für die Erzeugung von Angst. Hervorgerufen wird diese schließlich durch beispielsweise
eine möglichst düstere Zukunftsversion des eigenen
Unternehmens, sollten bestimmte, vom Manipulator
gewünschte Änderungen zum Wohle des Unternehmens nicht durchgeführt werden. Je größer die Gruppe
von Zuhörern, desto mehr Angst empfindet jeder einzelne schließlich auch, durch eine Art Herdeneffekt,
der auch schon für so manche Massenpanik verantwortlich war.

H E R D E N T R I E B

Diese Form der Manipulation geschieht meist unbewusst und lässt sich ebenfalls an vielen Arbeitsplät-
zen beobachten. Zugrunde liegt ihr das Phänomen,
dass sich ein einzelner Mensch in vielen Situationen
stets nach einer Gruppe richtet, eine kleine Gruppe
richtet sich nach einer großen, eine große nach einer
noch größeren und immer so weiter. Was eine große

Gruppe tut, wird von der nächstkleineren stets als richtig wahrgenommen und daraus folgend imitiert. Wie schon beim Freundschaftstrick dient auch hier die Eingewöhnungsphase eines Menschen im neuen Arbeitsumfeld als Beispiel.

Wenn man vom vorigen Arbeitgeber eine bestimmte Arbeitsroutine oder Unternehmensphilosophie gewohnt ist und die des neuen Arbeitgebers der alten komplett widersprüchlich und gegenteilig scheint, wird es nicht lange dauern, ehe man auch die neuen Arbeitsabläufe verinnerlicht hat und aufgrund des Zuspruchs der nichts anderes gewohnten Arbeitskollegen schließlich auch gutheißen wird. Die eigene Meinung und Überzeugung passen sich denen der Herde stets an. Das ist erschreckend, aber wahr.

EMOTIONALE TRICKS

Eine Manipulation über Gefühle gestaltet sich recht einfach, da unsere Gefühle nicht an unseren Verstand appellieren. Wenn unser Anliegen auf der sachlichen Ebene nicht durchsetzbar ist, lässt es sich möglicherweise über die emotionale Schiene durchsetzen. Diese Art der Manipulation kommt zum Einsatz, um die Kritikfähigkeit des Gegenübers einzuschränken oder diese zu unterbrechen. Genutzt wird der emotionale Trick beispielsweise mit traurigen Fotos bei Spenden-galas.

Wie erkennen Sie die Manipulation der anderen?

W erde ich nun manipuliert oder nicht? Das ist hier die Frage. Wer die Manipulationstechniken kennt, weiß, was Sache ist. Wo Sie gehen und stehen, manipulieren Sie: im Zug, in der Straßenbahn, im Restaurant, einfach überall, und Sie tun es mit Worten, Händen und Gesichtszügen. Das sind die Signale, die Sie ausstrahlen, und so werden auch Sie umgekehrt manipuliert. Im Prinzip müssen

Sie sich nicht fragen, ob Sie gerade manipuliert werden – Sie werden es.

Jeder versucht, seine Interessen durchzusetzen und sich gut zu verkaufen. Aber eine Manipulationstechnik haben viele nicht, nämlich die Selbstsicherheit. Die gehört aber dazu wie die Butter aufs Brot. So gibt es Profis, die immer bekommen, was sie wollen, denn die leben nach dem **Vier-Methoden-Manipulationsprinzip**.

DAS VIER-METHODEN-MANIPULATIONSPRINZIP

1. Sie wollen Ihr Selbstvertrauen zerstören: Sie zeigen Ihnen immer nur Ihre Fehler auf und was Sie konkret falsch machen. Sie wollen nur, dass Sie sich immer schlechter fühlen.

2. Sie bestrafen Sie mit Nichtbeachtung und Ignoranz: Wenn Sie Hilfe benötigen, versuchen sie, Sie am Boden zu halten. Sie werden gezwungen, ihren Handlungen zu folgen, sonst wird Ihnen nicht geholfen.

3. Sie beachten die Realität nicht und stellen krude Thesen auf: Sie verbreiten Angst in Diskussionen und wollen andere aufhetzen. Sie selbst freuen sich, wenn andere sich zerfleischen und gegenseitig bekämpfen.

4. Sie halten Ihre Persönlichkeit klein: Sie fühlen sich stärker und Sie sollen klein bleiben. Solange Sie sich schlecht fühlen, machen sie immer weiter und ergötzen sich daran.

WAS STECKT HINTER EINER MANIPULATIVEN PERSÖNLICH-KEIT?

Gehören Sie auch dazu oder müssen Sie die Manipulation von Grund auf erlernen? Wir werden jeden Tag manipuliert, verändern uns in unserem Handeln und Denken und wir bemerken es nicht einmal. Wahrscheinlich nicht einmal der, der manipuliert. Er setzt seinen Willen durch, mehr nicht. Eine Manipulation kann aber, wenn sie rein wissentlich betrieben wird, durchaus eine Kontrolle sein. Demzufolge gibt es die Täter und die Opfer, wenn die Manipulation nicht richtungsweisend, sondern rein negativ ist.

Manipulierte Opfer gibt es mehr als genug. Es gibt viele Menschen mit einer narzisstischen Persönlichkeitsstörung und eine solche Persönlichkeit drangsaliert ihre Mitmenschen nur allzu gern. Diese Menschen machen Angst und reden einem ständig schlecht zu.

Sie sind respektlos und undankbar, bedrohlich und aggressiv. All das stellen diese Menschen dar.

Sind Sie aber ein Mensch, der selbst die Manipulation ausübt, dann sollten Sie nie so mit anderen umgehen. Das ist eher menschenverachtend als menschenwürdig. Dennoch kommen diese Menschen mit ihrer Manipulation sehr weit, da sie mit dem Wort Einschüchterung schon fast verheiratet sind und die manipulativen Handlungsweisen verinnerlicht haben. Dieses Verhalten ist fast mit dem einer Spinne und ihrem Netz vergleichbar: Sie wickelt ihre Beute ein, bis sie sich irgendwann von ihr ernährt. Somit rauben einem diese Menschen die letzte Energie. Doch trifft vielleicht ein Mensch wie Sie auf diese sehr manipulative Person, wendet sich das Blatt. Manipulieren können Sie auch und Sie gehen dieser Spinne auch nicht ins Netz. Dabei ist die Manipulation eine Zusammensetzung aus Politik, Soziologie und Psychologie.

Und so funktioniert die Manipulation bei diesen Menschen, nehmen Sie sich also in Acht: Es geht um die reine Einflussnahme, genau das macht die Menschen aus, die fast an einer Persönlichkeitsstörung leiden. Die Einflussnahme läuft sehr häufig als synonymer Begriff für die Manipulation. Ihr fehlt allerdings der Aspekt der gezielten Ausnutzung und das ist bei der Manipulation der Fall. In der Politik würde man in diesem Zusammenhang von Propaganda sprechen.

So dient die Manipulation der Politik zur Verbreitung des ideologischen Gedankenguts, wodurch die öffentlichen Sichtweisen der Bevölkerung beeinflusst werden sollen. Die emotionale Beeinflussung widerstrebt unseren demokratischen Grundzügen, da wir als Mensch frei und autonom entscheiden wollen. Wir wollen Entscheidungen treffen, die aus unserer Vernunft und Leidenschaft entspringen. Dennoch kann eine fremde Einflussnahme Bestandteil davon sein. Wir werden schlichtweg manipuliert. Menschen, die uns rein negativ beeinflussen, engen uns ein und machen uns auch klein. Lassen Sie sich von diesen Menschen nicht abschrecken und entschwinden Sie aus deren Dunstkreis, denn diese Menschen verpesten die Luft.

Grundsätze menschlicher Kommunikation

A uch, wenn man es in manchen Situationen nicht will – man kommuniziert immer, zu jeder Zeit und in jeder Sekunde. Wenn nicht via Worten, dann über die Körpersprache, sprich Gestik, Mimik und der gesamten Artikulation. Das Gemeine an der Körpersprache ist: Während man – in den meisten Situationen zumindest – bewusst und kontrolliert über die eigenen Worte entscheidet, die man sagt, hat der ungeübte Anwender nur selten

Kontrolle über die Körpersprache, womit man das Gesprochene in manchen Moment ziemlich ad absurdum führen kann. Die Gesten des Menschen – und hierbei ist es egal, ob es sich um klar erkennbare Zeichen oder sogenannte Mikrogesten handelt – verraten dem geübten Auge sehr viel über den Urheber und dessen Charakter. Unglaubwürdigkeit entsteht beispielsweise häufig, wenn die Artikulation nicht zum Gesagten passt. Das Bild ist nicht rund und verrät zweifelhafte Absichten. Nicht immer ist das gesprochene Wort überzeugend. Der größte Teil der Kommunikation läuft nonverbal ab. Gerade Verkäufer setzen 90 Prozent nonverbal ein, denn die Körpersprache ist ihr Kommunikationselement. Auf der anderen Seite vermittelt der Einklang von Worten und Körpersprache ein Gefühl hoher Authentizität und Glaubwürdigkeit. Man kann also getrost behaupten, dass die Körpersprache eine entscheidende, wenn nicht die entscheidende Rolle bei menschlicher Kommunikation spielt.

Vielleicht ist Ihnen schon einmal aufgefallen, dass wir in einem Gespräch mehr unsere Ohren als unsere Augen verwenden? Natürlich hören wir gut zu, dennoch stimmen das Gesagte und die Körperhaltung nicht immer überein. Der Körper lügt nicht in seiner Ausdrucksweise und kann vieles nicht verheimlichen oder gar verbergen. Wir drücken uns intensiver mit der Körpersprache als mit der Stimme aus. Demzufolge verrät die Körperhaltung unsere Gedanken, denn hinter ihr können wir uns nicht so einfach verstecken. Die Stimmlage z. B. setzen wir nur zu 38 Prozent ein und lediglich 7 Prozent beziehen sich auf den Rest der Kommunikation. Das große Ganze entfacht sich aus der Körpersprache heraus. Wer geschäftlich wie auch privat erfolgreich ist, der präsentiert sich stets ganzheitlich. Gehen wir einige Schritte in unserem Leben zurück, teilen sich Babys zwar durch Laute mit, aber auch sehr viel durch Gestik und Mimik. So können wir als Eltern oder Großeltern ihr Befinden deuten.

Wir verstehen uns praktisch ohne Worte. Den Anfang macht somit die nonverbale Kommunikation, die eine Endcodierung darstellt. Wir teilen uns über unsere Haltung, Mimik und Gestik mit, dann setzen wir mit Worten an. In mancher Hinsicht läuft das völlig unbewusst ab und ist ein großer Teil von uns. Ein Sprachrohr der Extraklasse. Dabei wirken wir authentischer und ehrlicher als mit Worten. In der Körpersprache verstellen wir uns nicht. Meist tritt sie auch spontan infolge einer Reaktion auf. Wir wirken somit echter und emotionaler.

Das faszinierende an Körpersprache ist jedoch, dass sie nicht nur das Fremdbild des eigenen Charakters beeinflusst – bei entsprechend selbstbewusstem Auftreten kann auch das Selbstbild zum Positiven verändert werden. Nicht umsonst setzen zahlreiche Motivationscoachs zuallererst bei der Körpersprache ihrer Kunden an, da diese, zum Positiven entwickelt, erstaunlichen Einfluss auf den Charakter haben kann. Der erste und wichtigste Schritt in diese Richtung ist, zu verstehen, dass Körpersprache in den meisten Fällen gänzlich unbewusst geschieht und nur dann genutzt werden kann, wenn man beginnt, sie sich ganz bewusst zunutze zu machen. Mit genug Übung sitzt dann schließlich jede Geste genauso, wie sie sitzen soll, von der kleinsten Fingerregung bis hin zum Spiel mit den Augenbrauen – und beim Gegenüber können gewünschte Effekte erzielt werden.

Wer sich intensiv mit der Körpersprache beschäftigt, der kann von sich behaupten, ein Mensch mit talentierten Fähigkeiten zu sein. Des Weiteren dringt man damit tief in die Psyche des anderen ein. Oftmals reicht ein Blick aus, denn die Gestik und Mimik sind dabei ein sehr gutes Zusammenspiel. Bevor man nur ein Wort verliert, weiß der, der die Körpersprache beherrscht, mit wem er es zu tun hat. Seien Sie daher aufmerksam und lassen Sie sich durch die Worte nicht beirren, der Körper spricht eher die Wahrheit aus. Die Wirkung der Körpersprache ist somit phänomenal und einzigartig und sollte viel mehr in den Vordergrund gestellt werden.

Einer der wichtigsten Indikatoren für die Körpersprache ist nicht die Gestik – er ist in den menschlichen Augen zu finden. Diese dienen nicht nur der Identifizierung – bekanntermaßen verfügt jeder Mensch über ein einzigartiges Paar Augen –, man kann durch gezieltes Lesen in den Augen auch erstaunliche Rückschlüsse auf den Charakter und die Stimmung ihres Besitzers ziehen. Intensiver Augenkontakt kann – je nachdem, mit wem er durchgeführt wird – eine besonders schöne oder eine besonders unangenehme Erfahrung sein, und das, obwohl man im Grunde nichts anderes tut, als sich gegenseitig anzuschauen. Dies liegt daran, dass die Augen – um ein bekanntes Sprichwort zu verwenden – das Fenster zur Seele sind und man sich bei besonders langem Blickkontakt ausgeliefert fühlt. Die meisten Menschen orientieren sich, wenn es um den ersten Eindruck geht, an den Augen (und generellen Gesichtsausdrücken) des Gegenübers, es werden sowohl bewusst als auch unbewusst Rückschlüsse von Augen- und Gesichtsausdruck auf den Charakter gezogen. Dies sind keine neuen, spektakulären Erkenntnisse irgendwelcher Universitäten oder neueste Entwicklungen in menschlichen Verhalten – im Gegenteil. Seit es ihn gibt, liest der Homo sapiens aus den Augen seiner Mitmenschen und versucht, darin sich abzeichnende Absichten und Gefühle zu identifizieren.

Bleibt die Frage: Was genau kann man in diesen einzigartigen und oft geheimnisvollen Augen erkennen? Besonders starke, offensichtliche Emotionen sind am einfachsten zu erkennen. Freude, Wut oder Angst lassen sich nur schwer verbergen und sind auch bei ausgeprägter Selbstbeherrschung in den Augen zu lesen. Das liegt schlicht und ergreifend daran, dass der Ausdruck in den Augen zu weiten Teilen das Ergebnis von Kontraktionen der inneren Augenmuskeln ist, die direkt vom vegetativen Nervensystem provoziert werden und demzufolge nicht bewusst kontrolliert werden können – ähnlich wie beispielsweise der eigene Herzschlag. Besonders verräterisch ist hierbei die Pupille, beziehungsweise deren Größe. Diese richtet sich nämlich nicht nur nach dem vorherrschenden Lichteinfall – bekanntermaßen vergrößert sich die Pupille bei dunklen Lichtverhältnissen, wogegen sie bei hellem Lichteinfall von der Irismuskulatur zusammengezogen wird. Auch in Angstzuständen zum Beispiel können

wir bei unseren Gegenübern erweiterte Pupillen fest-
stellen. Dies liegt daran, dass unser Gehirn, wenn wir
Angst verspüren, automatisch das Bedürfnis nach Aufmerksamkeit verspürt und durch die Vergrößerung der
Pupille für einen erhöhten Lichteinfall und damit verbunden die bessere Wahrnehmung der Umgebung
sorgt. Die Hauptbedingung für die Interaktion mit anderen Menschen ist jedoch, dass generell Mitmenschen
zum Interagieren zur Verfügung stehen. Dies ist bei
den meisten Menschen der Fall.

Jeder hat soziale Kontakte, Familie und einen
Freundeskreis. Einsamkeit tut den meisten Menschen
– nicht wenige Forscher würden an dieser Stelle „alle"
sagen – überhaupt nicht gut. Allein der Gedanke ans
Alleinsein beschwört, sofern man ihn konsequent zu
Ende denkt, Unwohlsein und triste Stimmung herauf.
In manchen Lebenssituationen lässt sich Einsamkeit
vorübergehend jedoch nicht vermeiden. Wie schafft es
der Mensch damit umzugehen und warum sind soziale
Kontakte so wichtig für ihn? Es ist kein Geheimnis,
dass das Bedürfnis des Menschen nach Freunden und
sozialen Interaktionen evolutionär bedingt ist. Überle-
ben konnte der Urmensch schließlich am besten im Ru-
del, dort war er gegen Angriffe von außen am besten
gewappnet und konnte mit der Zeit für stetig besser

werdende Lebensbedingungen sorgen. Dieser Gedanke ist so tief in seiner DNS verwurzelt, dass er ihn bis heute nicht abschütteln konnte. In jenen Situationen, wo er um vorübergehende Einsamkeit nicht umhinkommt, wird sich der Mensch dessen auch sehr bewusst. Wechselt man beispielsweise den Wohnort, den Arbeitgeber oder verlässt zum ersten Mal das Elternhaus, gestaltet sich die Eingewöhnungsphase in den meisten Fällen als schwierig, aufgrund mangelnder sozialer Kontakte.

Ein weiterer Beweis für die Wichtigkeit eines Freundeskreises liefert uns die Unterhaltungsindustrie – besser gesagt die Film- und Serienindustrie. Es ist garantiert kein Zufall, dass beispielsweise die erfolgreichsten Sitcoms der letzten Jahre, von „Friends" bis hin zu „How I met your mother" oder „Big Bang Theory" allesamt vom Zusammenleben verschiedener Freunde handeln. Diese Serien bieten keine sonderliche Dramatik, keine Action oder wilde Verfolgungsjagden. Im Grunde sehen wir lediglich besten Freunden dabei zu, wie sie ihren – zugegebenermaßen ziemlich schrillen und ungewöhnlichen – Alltag auf die Reihe bekommen.

Die Botschaften dieser Serien sind fast in jeder Folge gleich – Freundschaft ist das Wichtigste im

Leben. Wenn Ted Mosby mal wieder keinen Erfolg bei Frauen hatte und niedergeschlagen in seiner Wohnung sitzt, sind seine Freunde stets für ihn da. Sie unterstützen sich gegenseitig, lachen und weinen zusammen.

Zusammen – dies ist das große Geheimnis, sowohl für den Erfolg der angesprochenen Serien als auch für das alltägliche Leben. Vergleicht man auf wissenschaftlicher Basis zwei Menschen miteinander, von denen einer im Leben glücklich, der andere unglücklich ist, so wird in mehreren Fällen das Glück im Vorhandensein sozialer Kontakte begründet liegen, das Unglück im Fehlen derselben. Hat man Menschen im Leben, mit denen man es teilen kann, mit denen man die freudigen wie auch die traurigen und niederschmetternden Momente teilen kann, ist der Blick auf die eigene Identität, das eigene Dasein, wesentlich optimistischer und lebensfroher, als wenn man alle Situationen, die das Leben in seiner Vielfalt bereithält, allein durchleben muss.

Dabei macht Einsamkeit nicht nur unglücklich. Das dauerhafte Fehlen sozialer Kontakte kann in bestimmten Fällen sogar zu körperlichen Krankheiten führen. Dies ist vor allem dann der Fall, wenn auch das soziale Umfeld nicht gerade zu Freudensprüngen einlädt. Wenn das soziale Umfeld eines Menschen trist, düster und freudlos ist, wirkt sich dies automatisch auch auf seine eigene Psyche aus. Zwar bedeutet dies nicht zwangsläufig, dass ein negatives Umfeld einen negativen Menschen hervorbringt, allerdings kann es bereits latente, pessimistische Veranlagungen verstärken und eine depressive Grundstimmung noch intensivieren und im Charakterkern verfestigen. Auf der anderen Seite wirkt sich ein positives Umfeld nur selten negativ auf einen Menschen aus und kann, genau wie negative Umstände, Auswirkungen auf schon latente Charakterzüge und Grundeinstellungen haben.

Die unbewussten Signale unseres Körpers deuten

In einem Gespräch, Streit oder in unserer Gefühlswelt stellen sich ganz unbewusste Gesten ein. Fast
reflexartig treten sie hervor. Es ist nicht nur die
Reaktion auf eine bestimmte Sache, es ist ein ehrliches
Empfinden. Das drücken wir sofort und ohne nachzu-
denken aus.

Oftmals entstehen diese unbewussten Signale bei
einer Überbringung von schlechten Neuigkeiten. Wir
reagieren sofort und das meist ohne jegliche Kontrolle

über uns. Bei freudigen Überraschungen ist dies auch der Fall, aber tritt auch bei Spannung und Angst auf. Unser Körper teilt sich somit unbewusst mit.

Augenbewegungsmuster

Die Bewegungen der Augen können Auskunft darüber geben, wie die gedanklichen Prozesse im Gehirn dieser Person wahrscheinlich ablaufen. Dennoch ist zu betonen, dass es nicht empfehlenswert ist, zu schnell zu einem Ergebnis zu kommen und damit einen vorschnellen Entschluss zu ziehen.

Die Konstruktion von Gedankengängen und die Erinnerung an bereits Erfahrenes ist kein einfacher Prozess, deren wahrheitsgemäße Antwort ausschließlich in der jeweiligen Person selbst liegt. Außerdem ist zu beachten, dass in der Regel eine Abfolge an Augenbewegungen und damit an Augenbewegungsmustern beobachtet werden kann. Das liegt daran, dass jeder Mensch eine Vielzahl an Gedankengängen durchläuft und somit auch verschiedene Augenbewegungsmuster zu erkennen sind. Abschließend ist noch zu sagen, dass die folgenden Darstellungen zu den Augenbewegungsmustern in der Regel auf Rechtshänder ausgerichtet sind.

Wenn Sie oder Ihr Gegenüber ein Linkshänder sind, dann sollten Sie gegebenenfalls die Erläuter–

ungen umdrehen, da die Augenbewegungen dann häufig seitenverkehrt ablaufen.

Es wird im Folgenden unterschieden zwischen Augenbewegungen nach oben und nach unten sowie nach links und nach rechts, dabei weiterhin in der horizontalen beziehungsweise in der waagerechten Ebene oder mittig ausgerichtet.

Sind die Augen Ihres Gegenübers nach **oben** ausgerichtet, dann können Sie davon ausgehen, dass die Person das visuelle Repräsentationssystem zur Aufnahme von Informationen bevorzugt. Ist der Blick dann nach **oben links** gerichtet, lässt sich sagen, dass die visuell repräsentierten Informationen erinnerte Informationen sind. Das heißt, dass Ihr Gegenüber wahrscheinlich vor seinem oder ihrem inneren Auge Situationen sieht, die er oder sie schon einmal erlebt hat. Anders gesagt, ruft sich die Person dann bekannte Bilder ins Gedächtnis.

Um dies an einer Person Ihrer Wahl zu testen, könnten Sie zum Beispiel die Frage stellen, welche Farbe die Küche Ihrer Eltern hat, oder auch, wie ein Zimmer eines Freundes oder Bekannten möbliert ist.

Dagegen jedoch zeigt die Augenbewegung nach **rechts oben**, dass Ihr Gegenüber sich zwar Dinge und Situationen visualisiert darstellt, aber er oder sie sich an diese Darstellung nicht erinnert, sondern sie **konstruiert**. Das bedeutet, dass Visualisierungen dieser Art noch nie geschehen sind oder die Person sie noch nie mit den eigenen Augen gesehen hat. Es ist möglich, dass Sie hieraus ableiten, welche der beiden Formen der Erinnerung eine Person nutzt. Dies hilft Ihnen dann, Ihre Kommunikation dahin gehend auszurichten und zu optimieren.

Nachdem bereits die Augenbewegungen nach oben erläutert wurden, scheint es passend, nun die Augenbewegungsmuster zu untersuchen, die nach **unten hin** ausgerichtet sind. Die Bewegungsmuster dieser Art können nicht insgesamt einem bevorzugten Repräsentationssystem zugeordnet werden. Es wird jedoch erneut dahin gehend unterschieden, ob der Blick **nach unten und nach rechts** ausgerichtet ist oder **nach unten und nach links**.

Augenbewegungsmuster, die nach **links unten** vermehrt auftreten, zeigen, dass Ihr Interaktionspartner oder Ihre Partnerin **einen inneren Dialog mit sich selbst führt**. Dieser Prozess des inneren Dialogs ist dabei oftmals auf einer auditiven Ebene ausgerichtet. Das heißt, wenn Ihr Gegenüber nach unten links blickt, dann spricht er oder sie in der Regel zu sich selbst, um etwas mit sich selbst auszudiskutieren.

Durch den inneren Dialog versucht er, ins Reine und zu einer Lösung zu kommen.

Sind aber die Augen Ihres Interaktionspartners beziehungsweise Ihrer Interaktionspartnerin nach **rechts unten** ausgerichtet, dann lässt sich dies eindeutig dem kinästhetischen Repräsentationssystem zuordnen. Das bedeutet, dass im Kopf dieser Person während seiner oder ihrer Gedanken kinästhetische Prozesse ablaufen. Ihr Gegenüber fühlt dabei etwas oder ist **emotional beteiligt**. Es ist ebenso möglich, dass Ihr Gegenüber ein Gefühl in sich aufruft.

Die bewussten Signale unseres Körpers

J a, wir haben auch antrainierte Fähigkeiten. Diese äußern sich mit einem gezielten Blick, dem selbstbewussten Händedruck und dem allseits bekannten Pokerface. So kann jeder ohne Worte seine Schlüsse daraus ziehen. Das kennen wir aus der Eigenbetrachtung, der Gestik und der Beobachtung heraus. Die bewussten Signale sind immer gezielt und möchten eine Reaktion oder ein Vorhaben hervorrufen, ob bei einem Bewerbungsgespräch, der Kündigung oder bei einer Konferenz. Von Angesicht zu Angesicht in nonverbaler Version – so werden im Berufsleben Geschäfte gemacht. Man darf nur die Signale des Körpers nicht zu weit aus dem Fenster hängen, sonst legen wir unsere Gefühle und Gedanken gnadenlos offen. Ein geübter Beobachter kann uns besser lesen, als uns recht sein mag. Daher ist es wichtig, sich niemals bei Verhandlungen oder Auseinandersetzungen in die Karten schauen zu lassen. Setzen Sie sich professionell in Szene und das mit vollem Körpereinsatz.

DIE GOLDENEN REGELN DER KÖRPERSPRACHE

Egal, wo wir sind, die nonverbale Kommunikation begleitet uns, wo wir gehen und stehen. Es kommt vor, dass sie das Gegenteil ausdrückt von dem, was wir sagen. Daher steht sie im Mittelpunkt und ist wichtiger als gedacht. Wir senden Signale und drücken uns ganz ohne Worte aus. Nachstehend lesen Sie die goldenen Regeln für einen besseren nonverbalen Austausch, der Ihnen zum Erfolg verhelfen kann.

Arme
Was haben Arme in welcher Stellung und Haltung zu sagen? Das Verschränken der Arme vor der Brust

signalisiert eher eine defensive Schutz- oder Abwehr-haltung. Sie treten somit als Barriere hervor. Verschränken Sie die Arme hingegen hinter dem Kopf oder sind die Hände im Nacken verschränkt und Ihre Ellbogen bewusst nach außen gestreckt, dann heißt dies so viel wie, „Ich bin der Leitwolf in dieser Runde und strotze nur so vor Selbstbewusstsein". Dann gibt es noch eine Variante der Ellenbogen, denn deuten die in Richtung Gesprächspartner, heißt das nichts anderes, als er soll nicht zu Nahe kommen.

Augenkontakt

Entspannt blicken und nicht starren, aber dennoch den Gesprächspartner gut im Auge behalten, das macht die nonverbale Kommunikation im Eigentlichen aus. Wichtig ist dennoch, seinem Gegenüber in die Augen schauen zu können. Sonst wirken Sie unsicher und befangen.

Distanz

Rücken Sie niemandem auf die Pelle und schenken Sie sich und anderen die Raumblase. Wir alle leben unbewusst damit. Ansonsten betreten wir den Persönlichkeitsbereich des anderen. Dabei gilt die Faustregel: Eine gestreckte Armlänge reicht aus und schenkt die nötige Individualdistanz. Zu viel Nähe wird mit einem Abwehrverhalten quittiert.

Händedruck

Der erste Körperkontakt zwischen zwei Menschen ist nicht der Kuss, nein, im Geschäftsleben ist es das Handschütteln. Es ist nicht banal, denn es sagt mehr als tausend Worte aus. Klingt so einfach, ist es aber nicht. Wie gebe ich die Hand richtig, ohne plump oder unsicher zu wirken? Wichtig ist der goldene Mittelweg, ein kurzer kräftiger Druck und bitte nicht zu lange. Sie wollen sich nicht gegenseitig die Hände wärmen. Greifen Sie auch nicht nach der ganzen Hand, sondern nur den vorderen Teil bis zu den Fingern hin und nicht vergessen, dreimal schütteln reicht völlig aus. Und das nicht mit einem überschäumenden Temperament.

Hände

Schnell stellt man an den Händen fest, mit wem man es zu tun hat. Eine offene Person verschließt ihre Hände nicht. Hier werden die Finger nicht verschränkt, denn die Person ist offen für ein Gespräch und Neues. Werden die Hände dagegen verschlossen, treten die nonverbalen Waffen an, dies zeugt wiederum von einem Abwehrverhalten. Denkt jemand nach, so schmiegen sich die Fingerspitzen beider Hände sanft aneinander.

Körperhaltung

Treten Sie nicht gebückt in einen Raum, sondern gehen Sie gerade. Das soll nicht überheblich wirken, es zeigt eine gewisse Präsenz. Die Haltung zeugt von Standfestigkeit und bringt Selbstsicherheit mit. Bleiben Sie ruhig und gelassen und zeigen keine hektischen und aufgeregten Gesten. Ein ruhiges Wesen bringt eine beruhigende Wirkung mit sich.

Lächeln

Betreten Sie einen Raum – das kann bei einem Meeting oder einer Präsentation sein –, dann positionieren Sie sich erst einmal. Lächeln Sie entspannt in die Runde und lassen Sie kurz alles auf sich wirken. Ein Lächeln überzeugt und regt die Sympathie der anderen an.

Körpersprache und NLP

Das bedeutsame Konzept, das neurolinguistische Programmieren, sorgt für eine Veränderung und die damit verbundene Kommunikation. Die Neurolinguistik: Gehirn und Sprache dienen als effektives Mittel und sind nah mit der Körpersprache verbunden. So reagieren die Menschen darauf, da wir im Prinzip ein Leitsystem herbeisehnen. Jeder Mensch braucht einen „Leitwolf" und Sie auch. Aufgrund der zur verfügbar stehen Informationen funktioniert ein Mensch nahezu perfekt und trifft die richtigen Entscheidungen.

SYMPATHIE

Mit Sympathie kommt man weit, es stehen einem Tür und Tor offen und genau dies sollten Sie sich auch bei der Manipulation zunutze machen. Diese Regeln sind Gold wert und lassen die Manipulation ganz für sich arbeiten, denn wer Vertrauen fasst, wird die Manipulation nicht als unangenehm empfinden. Ganz im Gegenteil, er wird sich geschmeichelt fühlen.

Die goldenen Regeln der Sympathie

Regel Nr. 1 Sie halten den Blickkontakt aufrecht, ohne zu starren, und setzen ganz gekonnt ein Lächeln auf. Das wiederum vermittelt Offenheit.

Regel Nr. 2 Signalisieren Sie Aufmerksamkeit, um die Körpersprache des Gegenübers dezent zu übernehmen. Dies könnte vom Gesprächspartner so verstanden werden: „Ich bin wie du, höre dir zu und glaube dir."

Regel Nr. 3 Nennen Sie Ihren Gesprächspartner regelmäßig bei seinem Vornamen, denn sind wir ehrlich: Wir lieben es, unseren Namen zu hören. Sie doch auch.

Regel Nr. 4 Geben Sie immer eine ehrliche Meinung ab und gehen Sie als Vorbild in unserer Gesellschaft voran.

Regel Nr. 5 Treten Sie höflich und freundlich auf und bieten Getränke an, halten Sie Small Talk. Hiermit nehmen Sie gewiss die Spannung und Nervosität aus der (neuartigen) Situation.

Regel Nr. 6 Empathie, sprich Mitgefühl, aufzubringen und die Fähigkeit zu nutzen, sich in die Situation und Emotionen eines anderen hineinzuversetzen, baut eine Menge Vertrauen auf.

Regel Nr. 7 Gemeinsamkeiten suchen. Das können Interessen und Hobbys sein und man kann dadurch ebenfalls Vertrauen aufbauen.

Die Macht der Psyche

Oft beginnt es mit einem unschuldigen Lächeln und schon nimmt die Manipulation ihren Lauf. Wir unterliegen vielen Mechanismen und die fangen mit dem Fühlen, Denken, unseren Emotionen und dem Verhalten an. Sind Sie ein Mensch, der ehrgeizig ist und weiß, was er will? Dann ist Ihre Psyche stark, Sie sind ausgeglichen und entscheidungsfreudig. Das kann nicht jeder von sich behaupten, doch Sie gehören dazu. Sie können Menschen manipulieren und nutzen den Sympathieträger an sich, Ihre Sympathie, die Ihr Gegenüber sofort positiv stimmt. Das ist Ihr Instinkt und Ihre Psyche leitet Sie. Ihre Psyche arbeitet mit Ihnen also Hand in Hand und Sie arbeiten ganz gekonnt einige Manipulationsstrategien aus. Aber wie bekommt man andere dazu, das zu tun, was man will? Ganz einfach: mit der Manipulation. Allein schon hinter einem Lob kann eine versteckte Manipulation stecken. Sie sagen zu Ihrem Mitarbeiter, dass Sie nur ihn hinter dem Projekt sehen. Er fühlt sich geschmeichelt und legt sofort los. In Wirklichkeit möchten Sie, dass das Projekt so schnell wie möglich über die Bühne geht.

Wussten Sie eigentlich, dass sogar das Schmollen eine Manipulationsstrategie ist? Sie ist es und bringt nicht nur ein negatives Gefühl mit sich, denn das Schmollen möchte auch etwas erreichen. Kinder können das vom Ansatz her recht gut und auch als Erwachsener hat man das Schmollen noch nicht verlernt. Demzufolge gilt: Wer schmollt, hat Ihnen verdeckt etwas zu sagen, und Sie fallen auf diesen emotionalen Trick sicher nicht herein. Zum einen manipulieren wir, zum anderen teilen wir uns mit. Teilweise ist es ein verdeckter Kampf mit unlauteren Mitteln. Doch der, der am meisten Überzeugungskraft ausdrückt, der gewinnt. Überlegen Sie sich sehr gut, wie Sie im Leben vorgehen und welche Mittel Sie einsetzen, um zu siegen. Die Manipulation hat die Macht wie Ihre Psyche auch, denn von der werden Sie vornehmlich geleitet und gesteuert. Unsere Psyche kann fühlen, denken, wahrnehmen und eine selbsterfüllende Prophezeiung abgeben. Sie spiegelt unser Verhalten wider.

Ob Informationen, komplexe Ereignisse oder einzelne Reize, Ihr Bordcomputer hat alles fein säuberlich gespeichert. Ebenso lernt er, sich mit der Manipulation anzufreunden. Das Gehirn nimmt wahr und gefühlsmäßige Auswirkungen finden statt. Sie müssen dazu Ihre Psyche fest im Griff haben, wenn Sie manipulieren, und bei manch einer Taktik brauchen Sie Nerven wie aus Drahtseilen. Mit Ihrer scharfen Wahrnehmung können Sie Ihr Umfeld besser eruieren, Menschen lesen und optimal einschätzen. Genau diese Fähigkeit besitzen Sie. Diese Vorzüge sind im geschäftlichen wie im privaten Teil Ihres Lebens sehr nützlich.

Da bietet sich ein weiterer Gehilfe Ihrer Psyche an: das Fühlen. Die Gefühle und Empfindungen sind die Wegweiser in Ihrem Leben. Wussten Sie, dass wir bereits fühlten, bevor wir denken konnten? Das begann bereits im Mutterleib und dieses Gefühl kommt einem Urinstinkt gleich. Es stellt unseren Wegweiser dar und zeigt unsere Bedürfnisse auf: Hunger, Durst, Schlaf, Wärme, Liebe, Geborgenheit und Zuwendung. Unser

Urvertrauen ist mit uns gewachsen. Sind Sie selbst eine starke Persönlichkeit, dann steht Ihnen ein emotionaler Puffer parat. Dieser wiederum wird in der Manipulation umgesetzt und die kann Ihnen, wie ein Lächeln auch, Tür und Tor öffnen. Wer die Manipulation für sich in Anspruch nimmt, der muss mit seiner Psyche eins sein. Daher wurde das Thema in diesem Buch aufgefangen und einbezogen. Menschen mit einem labilen Hintergrund werden die Manipulation niemals als Machtwerkzeug für sich ansehen. Es macht ihnen eher Angst, sie meiden diese rein menschlichen Fähigkeiten und lassen sich eher manipulieren, als selbst die Manipulation als Mittel zum Zweck zu sehen. Unsere Gedankenwelt ist demzufolge unser Eigentum; wir lassen uns ungern in unsere Gefühlswelt schauen.

Wer manipuliert, hat diese sowieso verriegelt und handelt rein effektiv, spekulativ und auch manipulativ. Vieles davon, wie das Fühlen, gehört zu unseren evolutionären Wurzeln und die drücken auch unsere Wünsche, Sehnsüchte und Bedürfnisse aus. Doch Sie haben all diese evolutionären Eigenschaften im Griff, ohne mit der Wimper zu zucken. Wie man sieht, vollbringt unser Gehirn eine nicht zu unterschätzende Arbeitsleistung und das Tag für Tag. Alles ist abgespeichert und jederzeit abrufbar. Nehmen wir dann noch die Manipulation in die Hand, können wir Menschen lenken, und zwar, ohne dass der Mensch dies als Manipulation empfindet. Allein das ist schon Ihr geschickt eingefädelter Vorteil und eine Fähigkeit an sich.

Unser Verhalten wiederum, was das Handeln oder Nicht-Handeln als Verhaltensmuster einbezieht, setzt unserer Persönlichkeit die Krone auf. Wir treten mit unserem Verhalten in Kontakt und mit der Außenwelt. Wir vermitteln uns, tauschen Meinungen und Interessen aus und sind jederzeit kommunikativ. Unser Gehirn, also die Macht der Gedanken, unterliegt auch dem Belohnungssystem, das mit dem Botenstoff Dopamin einhergeht. Unser Glückshormon macht uns bekanntlich glücklich und froh. Genau diesen Puffer brauchen wir, um konzentriert zu arbeiten und Leistung zu erbringen.

Ebenso benötigt die Manipulation einen Teil davon. Sie möchten als sympathischer Mensch fungieren, um den Erfolg Ihr Eigen zu nennen. Damit ist diese Hormonausschüttung ein Gewinn für Sie und Sie machen sich das rein natürliche Ereignis zu Ihrem Vorteil. Demnach leben wir mit dem Angstzentrum, den emotionalen Protagonisten und dem Belohnungssystem und das stellt unser Verhaltensmuster dar. Nicht immer handeln wir nach freiem Willen, auch nicht bei der

Manipulation, sondern wir unterwerfen uns unseren Gedanken und unserem Verhaltensmuster. Wie Sie sehen, kann die Manipulation nur einen Teilbereich erfüllen; den Rest übernimmt die Psyche, denn sie hat die Macht über uns.

Bonus-Material: Mindset-Tagebuch

Nachdem Sie nun die Grundlagen des positiven Denkens im Detail kennengelernt haben, finden Sie auf den folgenden Seiten Anleitungen und Aufgaben, wie Sie dieses Wissen praktisch umsetzen können.

Das Mindset-Tagebuch bietet Ihnen zusätzlich eine Möglichkeit, um sich kreativ auszuleben und Ihren Gedanken auf einem wertfreien Papier freien Lauf zu lassen – um sie anschließend zu betrachten und zu bewerten. Setzen Sie das Gelernte gleich in praktische

Taten um und verändern Sie sich und Ihre Denkweise zum Positiven!

MINDSET-TAGEBUCH

In 14 Tagen zu mehr Glück: In diesem Kapitel geht es darum, dass Sie sich jeden Tag einen bestimmten Zeitraum für sich allein sichern und verschiedene Aufgaben erfüllen oder Gedankenanstöße nutzen. Lesen Sie sich zuerst die Aufgabe durch und nehmen Sie sich dann bis zu 30 Minuten dafür Zeit.

Im Anschluss schreiben Sie in Ihrem Mindset-Tagebuch auf, was Ihre Erfahrung damit war. Es geht darum, über einen Zeitraum von mindestens 14 Tagen jeden Tag mindestens drei Seiten mit Ihren Gedanken zu füllen. Sie können Ihre Gedanken dabei entweder frei auf die Seiten fließen lassen oder sich an den vorgeschlagenen Aufgaben orientieren. Machen Sie es von Ihrer jeweiligen Tagesform abhängig. Manchmal möchte unser Geist nur Ballast abwerfen, manchmal freut er sich über einen neuen Denkanstoß. Viele der Vorschläge auf den folgenden Seiten werden Sie vielleicht mit ihrer Einfachheit überraschen. Aber je konsequenter Sie die vorgeschlagenen Rituale praktizieren und anschließend in Ihrem persönlichen Tagebuch reflektieren, desto deutlicher werden Sie die Fort-schritte spüren. Oft sind es die kleinen Freuden, die Sie im Rausch des alltäglichen Lebens übersehen oder sich sogar selbst unterbewusst verwehren.

Tag 1: Im Hier und Jetzt PRÄSENT sein (Meditation)

Nehmen Sie sich 15 bis 30 Minuten Zeit für eine Meditation und einen anschließenden Eintrag in Ihrem Tagebuch. Welche Gedanken haben Sie während der Meditation vorbeiziehen lassen? Woher kamen Sie? Wie hat es sich angefühlt, ihnen keine Bedeutung zu schenken?

Tag 2: Poster mit Ihrer Komfortzone

Malen Sie auf einem Poster im A3-Format einen Kreis auf. Schreiben Sie in den Kreis die Dinge, die Sie gern tun, bei denen Sie sich wohlfühlen. Dann schreiben Sie um den Kreis herum Dinge auf, die sich außerhalb Ihrer Komfortzone befinden. Je weiter sie von der Mitte entfernt sind, desto weniger fühlen Sie sich bei der Ausübung wohl. Diese Aufgabe kann nur funktionieren, wenn Sie ehrlich mit sich selbst sind. Wenn Sie das Poster gewissenhaft ausgefüllt haben, bietet diese Übersicht Ihnen einen klaren Leitfaden für die Dinge, die Sie in den nächsten Monaten und Jahren erreichen können. Arbeiten Sie sich von der Mitte der Komfortzone Schritt für Schritt in die Randbereiche vor, indem Sie genau diese Dinge tun.

Tag 3: Eine Mindmap ...

... Ihrer Charaktereigenschaften. Denken Sie über diese Frage nach: Was macht Sie brillant? Gestalten Sie ein weiteres Poster oder schreiben Sie in Ihrem Tagebuch in großen Buchstaben auf, was Ihre besonderen Stärken sind. Jedes Mal, wenn Sie diese Poster betrachten, wird Ihr Unterbewusstsein daran erinnert, was Sie alles können. Das sorgt dafür, dass negative Gedanken und Selbstzweifel keinen Platz mehr haben.

Tag 4: Persönliche Wohlfühlrituale

Führen Sie Rituale ein, die dafür sorgen, dass Sie sich pudelwohl in Ihrer Haut fühlen – selbst wenn es nur ein paar selige, unbeobachtete Momente sind. Diese Zeit für Sie zählt. Das kann zum Beispiel Ihr Lieblingslied sein, zu dem Sie bei voller Lautstärke tanzen, oder jeden Tag fünfzehn Minuten mit einem der preisgekrönten Bücher, die Sie schon immer lesen wollten. Vielleicht ist es auch Zeit, um in Ruhe „nichts" zu tun (wenn das mit dem menschlichen Gehirn in ungeübtem Zustand überhaupt möglich ist). Verwöhnen Sie Ihre Sinne. Zünden Sie einige Kerzen oder einen

Diffuser mit ätherischen Ölen an. Räucherstäbchen können auch Wunder wirken.

Tag 5: Erden Sie sich

Verbringen Sie Zeit in der Natur. Erden Sie sich. Machen Sie Gartenarbeit oder gehen Sie mit den Hunden oder Familie und Freunden spazieren. Wir leben so sehr in unseren Gedanken, dass wir oft die Verbindung zu der Welt um uns herum vergessen. Erinnern Sie sich daran, dass Sie ein Teil davon sind.

Tag 6: Dankbarkeit aktiv praktizieren

Nehmen Sie sich einen Moment Zeit, um still zu sein, atmen Sie einfach ein und genießen Sie Ihre Umgebung, vorzugsweise auf einem Rasenstück. Bitte schließen Sie nun Ihre Augen und nehmen 1 bis 2 tiefe Atemzüge. Nehmen Sie das Gefühl der Dankbarkeit, am Leben zu sein, bewusst wahr. Seien Sie dankbar für all die Individuen um Sie herum, schließlich sind sie alle ein Ausdruck der Liebe in dieser Welt – genau wie Sie selbst.

Tag 7: Achtsamkeitsmeditation

Planen Sie heute mindestens 15, am besten aber 30 Minuten ein, um eine Achtsamkeitsmeditation durchzuführen. Machen Sie es sich auf Ihrem liebsten Platz zum Meditieren gemütlich und steigern Sie Ihre

Achtsamkeit und Ihr Bewusstsein. Wie fühlen Sie sich in dieser Sekunde, genau jetzt? Warum? Was können Sie daran ändern oder besser machen?

Tag 8: Zeigen Sie Mitgefühl für sich und andere

Seien Sie sanft zu sich selbst (und als Folge davon zu anderen). Zeigen Sie sich selbst gegenüber Verständnis und Mitgefühl. Seien Sie nicht so streng mit sich. Gießen Sie sich zum Beispiel am Morgen einen Kaffee ein und setzen Sie sich in die Sonne. Sie werden sehen, welchen Unterschied es auf den Verlauf Ihres Tages hat, wenn Sie sich jeden Tag ein paar Minuten Auszeit gönnen.

Tag 9: Selbstliebe aktiv praktizieren

Geben Sie sich heute selbst etwas mehr Liebe als sonst. Räumen Sie auf, nehmen Sie ein heißes Bad oder ziehen Sie ein schönes Outfit an. Reinigen Sie Ihr Zuhause. Machen Sie es sich am Abend gemütlich. Ein wichtiger Aspekt der Selbstliebe sind ausreichend Ruhe und Erholung. Schlafen Sie genug. Manchmal bemerken wir gar nicht, wie wir uns selbst erschöpfen – schon mit ungesunden Gedanken allein. Gönnen Sie Ihrem Körper die Erholung, die er braucht. Die benötigten Schlafstunden zur Erholung sind von Menschen zu Menschen individuell und auch abhängig von Ihrer aktuellen Lebenssituation. Bitte machen Sie sich also keine Gedanken, wenn Sie an einem arbeitsfreien Tag mal Ihren Wecker nicht gestellt haben und schlafen Sie ruhig selig noch einige Stunden beruhigt weiter. Sie haben es in dem Fall offensichtlich gebraucht.

Tag 10: Nicht denken, sondern tun

Werden Sie aktiv und verlassen Sie Ihren EIGENEN KOPF. Gehen Sie Ihren gewohnten Pflichten heute mit besonderer Aufmerksamkeit nach. Jäten Sie Unkraut, füttern Sie Ihre Haustiere oder unterhalten Sie sich mit einer älteren Person in der Nachbarschaft.

Tag 11: Zeit zum Sein und für Kreativität

Nehmen Sie sich Zeit für sich. Halten Sie sich fern von der Seelen-zerstörenden, bodenlosen Grube, die Social Media sein kann, wenn Sie sich niedergeschlagen fühlen. Sie sollten nur zulassen, dass diese Medien für Sie arbeiten, niemals gegen Sie. Werden Sie kreativ. Wenn Sie beispielsweise einen besonders emotionalen Traum oder eine intensive Begegnung hatten, lassen Sie diesen Funken Energie, den Sie fühlen, Ihre Hand leiten – egal, ob es ein gutes oder ein schlechtes Erlebnis war. (Tatsächlich kann negative Energie manchmal ein größerer kreativer Katalysator sein als Friede-Freude-Eierkuchen-Energie.) Unsere Träume sind im

Wesentlichen nur kreative Geschichten, die unser Unterbewusstsein erfindet. Nehmen Sie einen Pinsel oder Stift und Papier zur Hand. Verwandeln Sie Ihre Empfindungen in eine Manifestation Ihrer Tiefe und Kreativität.

Tag 12: Musik heilt die Seele

Spielen Sie Ihre Lieblingslieder. Lassen Sie die Musik Ihre Seele beruhigen. Singen Sie sich das Herz aus dem Leib und tanzen Sie so frei, als wären Sie ganz allein auf der Welt. Sie können auch eine Playlist mit den Lieblingssongs aus jeder Episode Ihres Lebens gestalten. Oder vielleicht haben Sie eine alte CD oder Schallplatte, die Sie schon seit Jahren nicht mehr aufgelegt haben. Musik geht Ihnen direkt in die Seele. Lassen Sie sich von ihr heilen und tragen.

Tag 13: Ihr Zuhause verschönern

Dekorieren und gestalten Sie heute Ihr Zuhause. Pflücken Sie sich draußen hübsche Blumen oder kaufen Sie eine Sonnenblume, um Ihren Raum aufzuhellen. Dies dient dazu, ein Lebensumfeld zu schaffen, das Sie bei der Erfüllung Ihrer individuellen Bedürfnisse perfekt unterstützt. Was brauchen Sie wirklich, um sich wie eine ganze Person zu fühlen? Ist es ein Garten, in dem Sie herumgraben und Gemüse und Blumen pflanzen können? Oder ein Kunststudio; ein Ort mit viel Licht, frischer Luft und viel Platz; welche Art von Farben gefällt Ihnen; mögen Sie Holzmöbel oder vielleicht ein massives, weiches Bett, in das Sie nachts einsinken können? Sie verdienen einen Ort, an dem Sie Ihr volles Potenzial entfalten können. Dies bedeutet nicht, dass die Gestaltung viel kosten muss, überhaupt nicht. Ihr Zuhause soll nur Ihre individuellen Bedürfnisse und Anforderungen für ein warmes, einladendes Zuhause erfüllen.

Tag 14: Danken Sie sich selbst für Ihre Hingabe

Herzlichen Glückwunsch! Sie haben das vierzehntägige Programm mit Engagement und Ausdauer absolviert.

Fragen, die Sie heute in Ihrem Tagebuch beantworten können: Was ist Ihnen in den 14 Tagen besonders schwergefallen und wie haben Sie die Hürde überwunden? In welchem Bereich sind Sie durch das Training am meisten gewachsen? Auf welche neu erlernten oder gestärkten Fähigkeiten sind Sie besonders stolz? Was war Ihre schönste Erfahrung in den vergangenen zwei Wochen? Wenn Sie wünschen, können Sie die tägliche Schreibroutine beibehalten, die Sie so sorgfältig über die letzten beiden Wochen aufrechterhalten haben. Je länger Sie sich mit Ihrem Innersten auseinandersetzen, desto besser lernen Sie sich selbst kennen. Und das ist die Grundlage für Ihr ganz persönliches Glück und langfristige Zufriedenheit und Erfüllung. Ich wünsche Ihnen weiterhin viel Spaß auf Ihrem Weg und alles Glück der Welt.

Herstellung und Verlag:

BoD – Books on Demand, Norderstedt

ISBN: 9783754346921

© Boris Lehmann 2021

1. Auflage

Kontakt: Psiana eCom UG/ Berumer Str. 44/ 26844 Jemgum

Covergestaltung: Fenna Larsson

Coverfoto: depositphotos.com